中国高校艺术专业技能与实践系列教材

数字音效

SHUZI YINXIAO

王林林◆主　编

人民美術出版社

北京

图书在版编目（CIP）数据

数字音效 / 王林林主编. -- 北京：人民美术出版社，2024.6
中国高校艺术专业技能与实践系列教材
ISBN 978-7-102-09337-6

Ⅰ. ①数… Ⅱ. ①王… Ⅲ. ①数字音频技术－高等学校－教材 Ⅳ. TN912.2

中国国家版本馆 CIP 数据核字（2024）第 077080 号

中国高校艺术专业技能与实践系列教材
ZHONGGUO GAOXIAO YISHU ZHUANYE JINENG YU SHIJIAN XILIE JIAOCAI

数字音效
SHUZI YINXIAO

编辑出版　人民美術出版社
（北京市朝阳区东三环南路甲3号　邮编：100022）
http://www.renmei.com.cn
发行部：（010）67517799
网购部：（010）67517743
主　　编　王林林
责任编辑　李春立
装帧设计　茹玉霞
责任校对　卢　莹
责任印制　胡雨竹
制　　版　北京字间科技有限公司
印　　刷　天津裕同印刷有限公司
经　　销　全国新华书店

开　本：889mm×1194mm　1/16
印　张：8
字　数：100千
版　次：2024年6月　第1版
印　次：2024年6月　第1次印刷
印　数：0001—2000册
ISBN 978-7-102-09337-6
定　价：59.00元
如有印装质量问题影响阅读，请与我社联系调换。（010）67517850

序　言

FOREWORD

常记得著名美学家朱光潜先生的座右铭："此身、此时、此地。"朱老先生对这句话的解读，朴素且实在：凡是此身应该做且能够做的事情，绝不推诿给别人；凡是此刻应该做且能做的事情，便不推延到将来；凡是此地应该做且能够做的事，不要等未来某个更好的环境再去做。在当代高职教育人的身上，我亦深深感受到了这样的勤勉与担当。作为与中华人民共和国一同成长起来的新时代职教人，于教材创新这件事，他们觉得能做、应该做、应该现在做。

情怀和梦想之所以充满诗意，往往因为它们总是时代的一个个注脚，不经意就照亮了人间前程。中华人民共和国的高等职业教育，历经改革开放40多年的发展，在新时代的伊始，亦明晰了属于自己的诗和远方。"双高"计划的出台，其意义不只是指明了现代高职教育高质量发展的道路，更是几代人"大国工匠"的梦想一点点地照进现实的写照。

时光迈入21世纪第二个十年，《国家职业教育改革实施方案》《关于实施中国特色高水平高职学校和专业建设计划的意见》等政策文件的发布，吹响了中国现代职业教育再攀高峰的号角。教材是教学之本，在教育活动中，各专业领域的知识与技术成果最终都将反映在教材上，并以此为媒介向学生传播。由此观之，作为国家"三教改革"重点领域之一的教材，其重要性不言而喻。依据什么原则筛选放入教材内容、应该把什么样的内容放入教材、在教材中如何组织内容，这是现代高等职业教育教材编写的经典三问。而"中国高校艺术专业技能与实践系列教材"则用"项目化""模块化""立体化"三个词，完美回答了这一系列的灵魂拷问。在高质量发展成为当代高等职业教育生命线的当下，"引领改革、支撑发展、中国标准、世界一流"成为高等职业教育者的新追求。桂元龙教授作为该系列教材编辑委员会的主任，带领编写团队秉持这一理念和追求，率先编写和使用这样一套高水平教材，作为他们对现代高等职业教育的思考和实践，无疑是走在了中国特色高等职业教育的最前沿。"中国高校艺术专业技能与实践系列教材"诞生在这样的背景下，于我看来，这是对我们40多年中国特色高等职业教育最好的献礼。

这种思考和实践，无论此身、此时、此地，于这个时代而言，都恰到好处！

是为序。

中国工业设计协会秘书长

浙江大学教授、博士生导师

应放天

2022年7月20日于生态设计小镇

前言
PREFACE

联合国教科文组织在促进文化多样性的同时，提倡对世界遗产进行可持续性保护，其中包括对声音文化遗产的保护。

本教材编者在高校数字媒体艺术专业拥有十余年的教学经验，并曾在西班牙、德国等欧洲国家进行访学和研究。通过这些经历，编者亲眼见证了中国数字媒体艺术专业建设从最初的探索状态逐步发展到如今国家大力支持文创、文娱、文旅等周边产品设计，并与国内各个地区的非遗手工艺传承人进行合作。

通过对声音的采集、数字音频剪辑及再设计，积极参与非遗数字声音档案的建设，这个过程不仅为我国现有逐渐消亡的声音提供了有效的保护手段，也为保护非物质文化的声音档案留存做出了重要贡献。

数字音效（Digital Sound Effects）是指通过数字技术创建、编辑和处理的声音效果。这些声音效果可以用于电影、电视、广播、视频游戏、动画等媒体制作中，以增强或创造特定的听觉体验。与传统的模拟音效相比，数字音效提供了更高的精度、灵活性和可控性。

数字音效的特点和应用领域如下。

精确度：数字音效通过数字化的方式准确地捕捉和表示声音，使得声音效果更为真实和清晰。

编辑和处理：数字技术允许声音设计师对音效进行精细的编辑和处理。他们可以调整音量、平衡、时序，并添加各种音频效果，以创造出独特的声音体验。

多样性：数字音效提供了大量声音效果的库，涵盖了各种自然和人造的声音——从自然环境的声音到科幻音效。

实时生成：在一些应用中，数字音效可以实时生成，如在视频游戏中，根据玩家的行动或场景的变化而变化。

应用领域：数字音效广泛应用于电影制作、电视广播、广告、动画、视频游戏和虚拟现实等领域。

数字音效的发展推动了声音设计和声音艺术的创新，为各种媒体制作提供了更多创作的可能性。

“数字音效”课程是交互媒体艺术设计的基础之一。声音媒体艺术与应用科学相结合是一个新兴的研究方向，国外的研究学者主要专注于应用科学。该课程的关注点不在于视觉或触觉的感受，而是注重通过材料产生的声音体验。以比利时根特大学教授马克·莱曼为例，他综合物理学、心理学和音乐学的研究结果发现，人类的肢体语言受音乐，确切地说是受声音变化的影响，通过脑波神经反射，产生有韵律的肢体变化。例如吹奏萨克斯的表演者在演奏音乐时，其头、肩、腿的节奏变化呈现出手风琴式的扭动。基于这一研究理论，医生将其成功应用于治疗帕金森病中走路失衡的病人；在特定的声音下，根据脑波反射到肢体，病人在配合物理治疗的同时，用声音疗法成功治疗脑神经损伤患者走路时朝一侧倾斜的问题。德国柏林艺术大学设有声音艺术设计硕士专业。该专业的研究生负责人萨比诺先生指导学生模拟机器人在太空对话的声音。随着机器人领域的发展，越来越多的关注点放在如何模拟声音，或者产生让人感到愉悦的声音上，成为声音工作者追求的新方向。人类不仅仅满足于有声机器人，更追求能够为用户带来愉悦体验的多感、类似生命体征的生活或工作助手。

本教材以声音概念为理论基础，人种志方法论为研究方法，结合Audition声音编辑软件，以保护声音文化遗产为目标，结合声音研究实践案例，最终实现把“数字音效”教材与交互媒体专业课程结合。本教材将理论课与实践作业相结合，以更直接的方式接触和理解声音、空间与材质，使学生能够运用这些知识进行个人创作。学生能够应用“有声版”设计进行毕业设计实践，并提升对物质、非物质声音文化遗产保护的认知。

本教材受中国国家留学基金委2017年艺术类人才特别培养项目支持、巴塞罗那大学出版社出版项目支持、上海市教委2020高校青年教师高级研究学者项目支持。2021年教育部人文社科一般项目“‘文创+’时代产教融合视域下艺术设计院校‘三教’改革路径研究”项目支持。

王林林

2024年2月

课程计划

CURRICULAR PLAN

章名	章节内容	课时	
第一章 理论与概念	第一节　声音媒体艺术概述	4	12
	第二节　数字音效的研究背景与研究意义	4	
	第三节　音频采集方法与研究方法	4	
第二章 Audition应用与实践	第一节　数字音频的基础知识	4	12
	第二节　Audition软件界面操作	4	
	第三节　实训案例	4	
第三章 声音的音效处理和编辑	第一节　音频初级编辑	3	12
	第二节　常用的音频效果	3	
	第三节　Audition变调器	3	
	第四节　实训案例	3	
第四章 设计与实训	第一节　项目实训	3	12
	第二节　设计案例	3	
	第三节　实训程序	3	
	第四节　欣赏与分析	3	
总计			48

目　录
CONTENTS

第一章　理论与概念

第一节　声音媒体艺术概述

第二节　数字音效的研究背景与研究意义

第三节　音频采集方法与研究方法

第一章　理论与概念

本章概述

本章深入探讨声音媒体艺术的核心理论与概念，旨在为读者提供全面而深刻的认知。本章介绍声音的基本概念，解析其在声音媒体艺术中的关键角色，并系统定义与声音媒体艺术相关的专业术语，为后续章节构建起共同的语言基础。本章重点介绍数字音效的研究背景与研究意义，同时介绍声音采集工具和实地调研方法。

通过本章的学习，学生能掌握声音媒体艺术核心概念、数字音效发展历程以及音频研究方法论。

学习目标

分析研究数字音效的重要性，以及数字音效对艺术、娱乐产业和文化的深远影响。实践多种获取声音素材的采集方法，包括技术工具和实地采集策略。探讨数字音效研究的方法，包括理论框架、实证研究和数据分析方法。

熟悉与声音媒体艺术相关的专业术语，构建共同的语言基础。掌握音频采集方法与研究方法，包括音频采集工具和实践调研方法。

第一节　声音媒体艺术概述

一、声音媒体艺术的概念

声音媒体艺术是一个综合性的、跨学科的研究领域，涉及声音科学、艺术、雕塑、行为艺术学、医学等多个学科。它将声音视为一种媒介和表达方式，通过艺术创作和技术手段来探索声音的美学、感知和交互特性。声音媒体艺术涵盖声音的分类、采集方法、与社会的关系和互动、声音可视化展示以及衍生艺术品创作等方面的内容。

声音在集体记忆和个人记忆中扮演着重要的角色，因为它具有独特性，能够代表个体和区域的特征，即使是暂时的、瞬间的声音也能够建立起与社区成员的联系。声音不仅是一种物理现象，也是一种文化、社会和情感的表达方式。一方面，作为集体记忆的一部分，声音记录着区域的历史、文化和身份；另一方面，声音也是个人记忆的重要组成部分。每个人的声音都是独特的，具有个体的特征。从婴儿的啼哭声到成年人的语调、音色，声音记录了个体的成长、情感和经历。人们常常通过声音来辨别身边的人，建立起彼此之间的联系和认知。

声音是瞬息万变的，会随着时间的推移而发生变化。个体的声音会因受到年龄、健康状况、情绪状态等因素的影响而发生变化，区域的声音也会随着时间的推移而演变和改变。因此，声音不仅是一种记录和表达方式，也是一种动态的、流动的存在，随着时间的流逝而不断变化。

在国际大环境下，声音媒体艺术逐渐受到公众的关注，成为数字媒体艺术、动画和游戏设计等专业中不可或缺的一部分。然而，相关研究的理论和实践仍然不足。许多动漫、游戏创作侧重于人物、场景等方面的设定，其中使用的声音往往缺乏专业和系统的学术设定。为了弥补这一不足，我们将声音媒体艺术作为一个独立的学科进行研究，并将研究重点放在丝绸之路的声音上。

在丝绸之路的研究中，我们将采集具有生态景观、人文景观、口述历史等特征的声音，并对其进行分析和采证。通过对这些声音的研究，我们旨在深入探索丝绸之路的声音文化，通过艺术创作和技术手段进行实践和创新。

此外，本教材还关注声音媒体艺术与遗产保护的关系。遗产保护中声音遗产的认识和研究仍然有限，导致大量的声音遗产被破坏。因此，声音媒体艺术可以作为一种重要手段，用于保护和传承声音遗产，通过声音创作和装置艺术来呈现和保留特定地区的声音景观。

二、声音的相关名词

（一）测量仪器

由于选定的声音采集点范围比较广，走访过程中会出现许多突发状况，如临时改变路线、改变声音采集工具等，因此以H2N声音采集器为主，如图1-1-1所示，配合使用手机作为辅助调研设备。

Zoom H2N有4种录音模式，如图1-1-2、图1-1-3所示。首先选择录音模式。声音可以通过XY模式和MS模式同时全方位立体声录制，或者双轨录音，它是通过XY和MS录制混合而成的。一般情况下用4轨录音时采用XY话筒和MS话筒录制音频，录完以后在软件中分别从XY话筒和MS话筒所录制的音频中提取波幅参数。这两个模式都可用在室内外场景的声音录制现场，其中XY较适合人声采集，MS较适合环境声音采集。

图1-1-1　H2N声音采集器

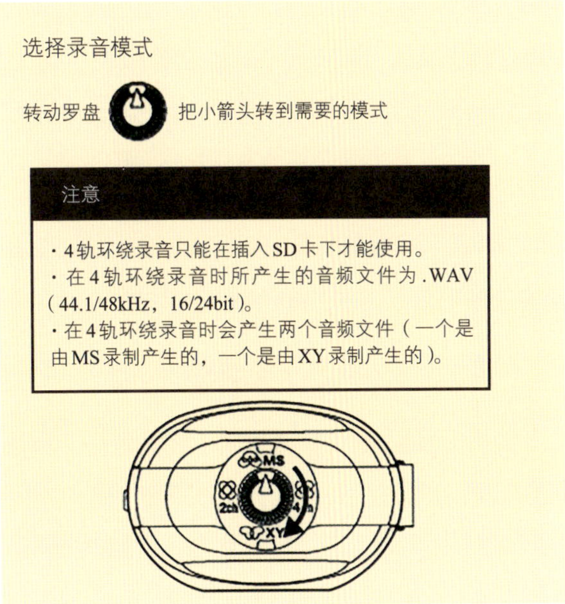

图1-1-2　录音笔简单操作介绍

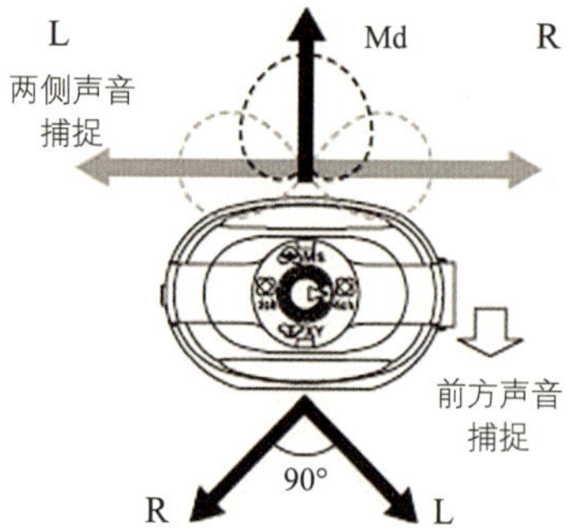

图 1-1-3　不同轴声音采集范围

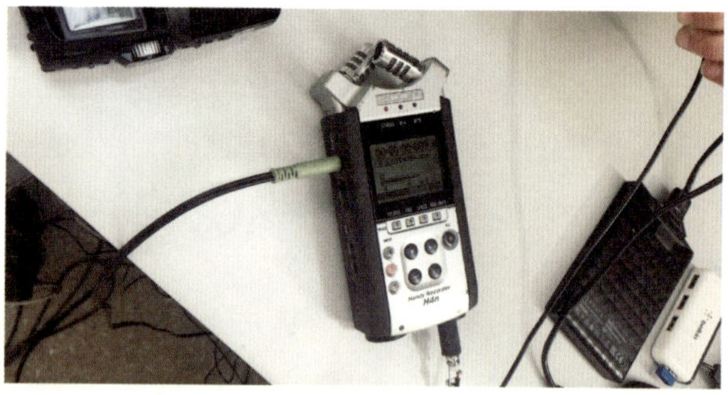

图 1-1-4　自制话筒

（二）测试方法

在声音设计中，可以通过外接自制话筒采集一些不同类型的声音。如连接自制驻极板半导体元片，如图1-1-4所示，与双轨音频线焊接后可以感知人耳捕捉不到的低频声音，甚至可以通过硅胶材料涂抹保护元片，把元片头伸入海水中，采集海浪的声音；或者将微型麦克风元件置入自制人耳模型中，模仿人头型原理采集人耳在街头听到的不同角度、不同声场发出的声音。

（三）有效声音

什么是有效声音？这是一个哲学的辩证问题。声音由振动产生，振动通过空气波浪式传播，当振动波传入人耳时，人便听到了声音。在音频软件中用波形表示声音。在声音采集的过程中所听到或录入的声音都可以作为有效声音；但是这个声音是相对的，作为采集者需要或有意识地保存的声音可以理解为有效声音，或者利用音频软件把不需要的声音去掉，留下所需要的即为有效声音。相对于声音的有效使用来说，我们需要的才会被留下。

（四）分贝（dB）和赫兹（Hz）

分贝（Decibel）是度量两个相同单位之数量比例的计量单位，主要用于度量声音强度，常用dB表示（表1-1-1）。但是dB值在很多声音软件或分析软件中以负值表示，如数据显示 −9dB 其实是大于 −33dB 的。[1]

赫兹，简称赫，常用Hz表示，是频率的基本单位，为纪念验证电磁波存在的德国物理学家海因里希·鲁道夫·赫兹（Heinrich Rudolf Hertz）而得名。赫兹是电、磁、声波和机械振动周期循环时频率的单位，即每秒的周期次数（周期/秒）。记录声音每秒振动的频率单位称为赫兹。

表1-1-1　声音分贝等级表

分贝数	示例
1dB	刚能听到的声音
15dB 以下	感觉安静
30dB	耳语的音量大小
40dB	冰箱的嗡嗡声
60dB	正常交谈的声音
70dB	相当于走在闹市区
85dB	汽车穿梭在马路上
95dB	摩托车启动的声音
100dB	装修电钻的声音
110dB	卡拉OK、大声播放MP3的声音
120dB	飞机起飞时的声音
150dB	燃放烟花爆竹的声音

[1] Adobe 公司：《Adobe Audition CC 经典教程》，人民邮电出版社，2014。

第二节 数字音效的研究背景与研究意义

一、数字音效的研究背景

声音媒体艺术作为一门综合性的艺术学科，涵盖了声音、形式、环境、材料和数字媒体等多个领域。在全球范围内，许多艺术家都积极探索声音在创作中的应用，这导致大量以音乐为核心的声音艺术展览的涌现。然而，近年来人们对声音艺术与应用科学相结合的关注日益增加，其中比利时根特大学的马克·莱曼博士进行的研究就是一个重要的例子。莱曼博士的研究表明，音乐或声音的变化可以对人体语言产生影响，并且脑电波中的神经反射可以引发有节奏的身体变化。举例来说，当萨克斯演奏者演奏音乐时，他们的头部、肩膀和腿部会呈现出类似手风琴般的扭曲和旋转动作，以响应他们所演奏的音乐。这表明音乐或声音的变化可以直接影响人体的运动和姿态，从而产生一种身体与音乐之间的紧密联系。基于这一研究理论，一些实验室已经成功地运用声音来治疗帕金森病患者。帕金森病是一种神经系统疾病，会导致患者在运动和姿势方面出现障碍。通过运用特定的声音刺激，如节奏明确、有规律的音乐，可以帮助患者恢复运动的控制和协调能力。这种声音治疗的方法在一定程度上改善了帕金森病患者的生活质量，并为声音在医学和康复领域的应用提供了新的可能性。声音在艺术创作、社会交往、心理疗法等方面都具有潜力。此外，随着技术的发展，数字媒体为声音媒体艺术提供了新的表达和创作方式，如声音装置、实时声音处理和交互式声音作品等。这些都是声音媒体艺术领域未来研究的重要方向，为我们更深入地理解声音在人类体验和创造中的作用提供了契机。

（一）声音记录的重要作用

随着科技的不断进步和发展，声音记录在声音媒体艺术研究中扮演着至关重要的角色。声音的独特性质使其成为文化遗产保护中不可或缺的一部分。声音作为时间的体现，无法被完全复制或再现，即使相同的声音在不同的时间和地点再次产生，也会因环境、情境和个人主观体验而呈现出差异。在中国，运用现代科学技术手段对声音进行记录、保存、分类和复制具有重要意义，特别是对恢复历史上的声音景观而言。中国拥有悠久的历史和丰富的文化遗产，许多历史遗迹保留着相似的人文和生态环境。然而，随着工业化的不断推进，传统的手工艺和生产方式逐渐消失，这些濒临消失的声音变得至关重要。通过声音的记录和存档，可以追溯和保存丝绸之路沿途的历史文化。这些声音包括集市的喧嚣声、传统工匠的技艺传承、地方语言的特色，以及生态环境中的自然声音。丝绸之路横跨时间和空间，穿越不同民族的定居点，至今仍保留着丰富的传统文化和民俗。然而，由于自然生态变化和其他多种因素的影响，丝绸之路的历史文化遗迹正逐渐发生改变。因此，通过记录和保留这些声音，我们能够更好地理解和传承丝绸之路的独特声景特征。

（二）丝绸之路的显著声景特征

丝绸之路的显著声景特征是多样而独特的，反映了该地区悠久的历史和多元文化的交融。从西安到乌鲁木齐的路线上，存在着许多少数民族的定居点，这些地方保留了丰富的传统文化和民俗。在这些地区，我们可以聆听到不同民族的语言、歌谣和传统音乐的声音，这些声音传承着民族的独特风情和文化传统。沿途有许多历史和宗教文物，如古代城市遗址、宗教寺庙和传统建筑等。这些遗迹所发出的声音，如钟声、礼拜的吟诵声和祈祷的歌唱声，都承载着丰富的历史信息和宗教文化的精髓。丝绸之路的生态和自然景观也为声景特征增添了丰富性。沿途经过平原、山脉、沙漠、湖泊和高原等多样的自然环境，这些环境所产生的声音，如风吹过沙漠的呼啸声、山间溪流的潺潺声和高原上鸟儿的鸣叫声，都构成了丝绸之路特有的自然声景。

（三）声景保护与传播有待加强

随着城市化进程的推进，丝绸之路的声景保护和传播面临着一些挑战。一些人造景观出现在历史古迹周围，对传统文化造成了一定程度的干扰和削弱。工业化进程对传统手工艺品等非物质文化遗产造成了严重影响，手工艺的传承面临无人继承和缺乏传统材料的问题。同时，历史文化遗迹也受到自然环境的风化和破坏。因此，为了保护和传播丝绸之路的声景特征，有必要加强声景保护的措施和传播的效力。借助现代科学技术手段（如声音记录和数字化媒体）可以有效地记录和传播丝绸之路的声景特征，让更多人了解、欣赏和保护这一重要的文化遗产。

二、数字音效的研究意义

声音媒体艺术对于文化遗产的保护和传承具有重要意义。通过记录和保存声音景观、传统音乐、口头传承文学及语言等文化元素，声音媒体艺术可以帮助保护濒临消失的文化遗产，并将其传承给后代。通过数字化技术和创新的呈现方式，声音媒体艺术可以将文化遗产以更具吸引力和互动性的方式呈现给观众，增加人们对文化遗产的认知和兴趣。

（一）对保护地域特色声音的重要意义

丝绸之路作为历史上重要的贸易通道，不仅体现在商品和文化的交流上，也涉及各地区的独特声音景观和文化传统。例如玉门关作为丝绸之路北道的重要关口，承载着丰富的历史和文化遗产，它的存在使得丝绸之路的贸易得以繁荣发展。以玉门关为例，通过博物馆展示和多媒体方式呈现，使得游客能够更加直观地感受到丝绸之路上不同地区的声音景观和文化传统。

首先，玉门博物馆通过陈列和讲解当地的历史文化和出土文物，向游客传达玉门关的重要性。这种方式让游客不仅了解到玉门关在丝绸之路上的地位和历史，还能够感受到其独特的文化传统。同时，通过维护玉门关区域绿化工作，使得游客在参观过程中能够更好地感受到历史的厚重，增加了游客的参与感和互动性。其次，上海自然博物馆采用多媒体方式展示历史和自然景观，如“回到白垩纪”系列教育片。这种创新的展示方式通过引入现代科技手段，将观众带入遥远的历史时空中，使他们更加身临其境地感受到丝绸之路上的声音景观。这种方式不仅激发了观众的兴趣，还让他们更好地了解和体验特定时期的声音和环境，从而增强了他们对丝绸之路历史的认知和体验。

综上所述，这些博物馆展示方式的改变确实可以使游客更好地感受到丝绸之路的历史和文化，增强他们的参与感和互动性，同时通过创新的技术手段让他们更加身临其境地体验丝绸之路上的声音景观。

（二）对声音雕塑艺术创作的指导意义

把传统雕塑与声音艺术跨学科结合，研究丝绸之路历史上的传统乐器或少数民族乐器发音腔的造型结构，这种交叉研究可以探索发声材料、造型和空间感的综合运用，并结合现代数字媒体艺术的技术手段，对声音设计的未来发展和创新具有重要意义。数字媒体技术在视觉和感官方面为人类带来了前所未有的声音体验效果。

在创意方面，声音是一种能够产生无限可能创作形式的媒介。同一段声音对不同的听众可能产生不同的意境和感受。基于丝绸之路的声音设计，创作者可以通过设计声音雕塑的造型来表达对声音的理解。由于创作者的观点和理解不同，同一段声音可以被赋予多种不同的造型方式，或者演变成一系列可塑的造型。

（三）对声音艺术创作的指导意义

尽管丝绸之路的研究在中国乃至全球范围内非常广泛，但专门针对该路线上的声音及其现状的研究相对较少。视觉媒体在今天得到了高度发展，动画和影视作品中丝绸之路的故事脚本非常丰富，但很多影视作品中的声音缺乏原创性，并未深入挖掘其中的学术文化背景和声音媒体艺术。通过深入研究声音媒体艺术，我们能够发掘声音的创作潜力，提升声音设计师的技能和创意水平。将丝绸之路上的声音采集完成后，建立丝绸之路声音媒体库，能为声音设计师提供丰富的素材资源，使他们能够更好地表达丝绸之路的故事和文化内涵。声音媒体艺术的研究还有助于加强原创性声音设计在影视作品中的应用。通过深入挖掘丝绸之路的学术文化背景和声音特征，声音设计师能够为影视作品创造出更具原创性和独特性的声音效果，从而提升作品的艺术质量和观赏体验。

第三节　音频采集方法与研究方法

一、音频采集方法

声音是文化和环境的真实反映。第一，在现场采集声音时，能够捕捉到周围环境中的各种声响，包括人们的交谈、自然的声音、特定场合下的音乐或仪式，这些声音是特定文化和社会背景的重要表现形式。第二，在调研过程中，有时语言无法完全表达出人们的情感、态度或情绪，但通过现场声音采集可以从人们的语调、音量、语速等非语言要素中获取更多信息。例如，一段欢快的音乐可能代表着喜庆的场合，而某人的情绪变化可能从其语音的抑扬顿挫中体现出来。第三，现场声音采集可以带来更真实的数据。在实地调研时，声音记录的是实时的、自然的情况，不会受到人们回忆或书面描述的影响。这样的数据更加客观和真实，有助于研究者做出准确的分析和结论。通过现场声音采集能够获得丰富的信息，深入了解当地的文化、社会习俗以及人们的情感与态度，从而为研究提供更全面和准确的数据支持。

（一）定点采集

针对事先预知，进行有准备、有条件的声音采集。如在云南楚雄彝族自治州的赛装节，被通知于2019年阴历正月十五前往参加，时间为晚上8点整。走访者事先到达事件场地，准备好充足的声音采集电池、拍照手机以及选好最佳声音采集地点。全程录音并拍照、摄像。采集的声音资料分贝值几乎都在同一范围内，非常清晰，可作为完整的档案资料留存。后期处理时最多去掉一点风声噪音、人的喷嚏或咳嗽声。这种采集的声音相对稳定、专一。

（二）行走声音采集

大部分声音研究者都会随身携带录音设备进行流动的声音采集。即使在没有专业设备的情况下，他们也会利用手机等工具进行录音。这种被称为“行走声音”的方法类似于行走的艺术。走访者并不知道前方会遇到什么声音，只是在前行中记录下所听到的声音。通常，当他们抵达新的采集点时，如果对当地的地形和地貌不太熟悉，他们就会采用这种方式。相对于定点采集，这种方法通常会录制较长的声音片段，可能长达30至45分钟。这样一来，整个环境中的声音都会被收录，但在后期处理时需要花费更多的精力来区分哪些声音是有效的。然而，这种方式非常适合在相对嘈杂的市集中进行采集。在“一带一路”地区，许多市集的历史可以追溯到汉唐时期，而这些地方的环境可能会十分复杂，很多声音可能被忽略掉。因此，行走式的声音采集方法可以确保连飞鸟掠过的声音都不会被遗漏，这对于声音媒体艺术的记录非常重要。

（三）特有声音采集

在大理白族自治州，走访者在预先做好白族民居建筑姓氏图案特征文献资料研究后，通过热心的出租车司机非常通俗易懂地了解了这些民居上的图案与姓氏的联系和来源。这种情况下的声音采集就是特有声音采集。虽然邀请别人来做访谈并没有在前期策划之中，但是达到了采访目的，把别人的故事和声音记录下来，从而完善了研究内容。

二、音频研究方法

本教材以声音媒体艺术在“丝绸之路上的实

践”作为研究重点，介绍常用的调研方法。声音媒体艺术是一种相对较为抽象的研究领域，以艺术人类学、心理学、艺术美学等理论作为研究支撑，对丝绸之路上历史的声音进行研究分析。

（一）文献查阅法

查阅丝绸之路地区自然环境景观中沙漠、湖泊、平原等风、水、虫鸣声音特征；沿线手工艺特色品种、发展历史以及分布区域；宗教文化、石窟发源地历史；少数民族聚落族群生活习性、生产生活、节日等文献，并研究其语言发音特色及书写方式、图形艺术特点。

借助维基百科、微软学术、知网等数据库和其他丰富的网络资源，调查近5年来与声音、声音媒体艺术有关的文献和网络资料。对已有相关研究，如关于声音雕塑、声音景观、MIDI 音乐制作、数字媒体艺术等领域进行检索，对过去的资料、影像记录、展览、采访等进行查阅。在明确研究主题的情况下对声音媒体艺术进行分析解读。

（二）田野调查法

以西安为起点，对多个重点区域进行考察研究。分析对比城市之间的联系、人口密度、生态环境及主要生产生活方式。对传统手工艺匠人中的师父、徒弟及新一代改良创新传承人进行口述笔录。通过调查问卷，记录丝绸之路重点研究区域的声音种类。

（三）分析比较法

横纵向对比自然环境声音景观、文化标志声音景观、特有社会环境下声音景观中的声音数据值、声音标签种类以及分贝曲线。有效分析出被研究地区声音景观分布点密集原因、声音分贝指数及声音特色。

（四）系统观察法

对于不方便参与访谈、对话或直接接触的研究对象，采取远距离观察，或者对城市中某些特定声音从专业角度去感受，提炼出有地域特色的声音。

（五）深度访谈法

采取面谈的方式，与手工艺传承工作坊长者交谈，在口述历史、传说中记录声音信息，把资料按照时间、地点、访谈人等分类。

（六）问卷调研法

根据研究设定相关访谈内容问卷，在不涉及对方隐私和政治宗教等敏感议题的情况下，针对要调研地区的文化背景、民俗等方面设计调查问卷，以便更好地服务于声音媒体艺术研究。通过调查问卷，了解丝绸之路部分地区生产生活模式与历史模式的异同，以及主要声音来源。

案例：

以下是一份于2020年9月由一位研究者制作的关于少数民族地区声音调查问卷的案例。该调查问卷旨在了解参与者在日常生活中所接触的声音，并特别关注少数民族相关声音的感知和反应。通过分析这份问卷收集到的数据来深入了解少数民族地区的声音文化，并为相关研究提供有价值的参考。

关于声音的调查问卷

本调查是针对您每天生活中的声音，特别是针对少数民族听到相关声音的反应的调查。本调查仅对每个人的回答进行统计和分析，绝不会公开发表个人的回答内容。请认真填写配合我们的工作，对于您的配合表示衷心的感谢。

1. 您的年龄

18岁以下

18~25岁

26~30岁

31~40岁

41~50岁

51~60 岁

60 岁以上

2. 您的性别

男

女

3. 您的职业

学生

教师

事业单位（公司）

个体

自由职业者

艺术从业者

旅游从业者

无职业者

其他

4. 您对声音方面了解吗？

一点都不了解

一般了解，平时会听歌曲

比较了解，喜欢声音好听的演员、明星，经常听歌

非常了解，熟知各种音乐种类和音乐人

5. 您平时听什么类型的音乐？

流行（Pop）

摇滚（Rock）

说唱（Rap）

爵士（Jazz）

蓝调（Blues）

古典（Classical）

乡村音乐（Folk&Country）

民乐 / 民歌

世界音乐（World）

其他

6. 您印象最深的声音是什么(多选)？

上课　雨声　蝉鸣　铃声　周杰伦

提示音　钟表　读书声　好听　唱歌声

家人　吉他　鸟鸣　呼噜　噪声　大自然

梁祝　马路　车水马龙　雷声

7. 您最反感的声音是什么（多选）？

噪声（刺耳的声音、恶心的声音）

接收消息的声音

消费的声音，如微信 / 支付宝付款声音

其他

8. 最反感的声音给您带来了什么麻烦（多选）？

不关心，没有什么反应

不知道做点什么

心神不宁，十分生气

感到身体不舒服

难打电话、看电视、听广播

给工作、学习、读书带来麻烦

妨碍说话

妨碍睡觉

其他

9. 您身边能听到什么地区的语言 / 方言（多选）？

河北省　江西省　甘肃省

山西省　山东省　青海省

辽宁省　河南省　台湾省

吉林省　湖北省　海外

黑龙江省　海南省　北京市

上海市　重庆市　天津市

江苏省　四川省　广西壮族自治区

浙江省　贵州省　新疆维吾尔自治区

安徽省　云南省　内蒙古自治区

福建省　陕西省　西藏自治区

湖南省　广东省　宁夏回族自治区
香港特别行政区
澳门特别行政区

10. 您接触过与地区语言/方言等声音类有关的产品吗（多选）?

声音展
App
二维码
其他

11. 在您的日常生活中，可以听到哪些与非遗有关的声音（多选）?

刺绣的声音
戏曲的声音
制银的声音
木雕的声音
打麻将的声音
制茶的声音
绘制书画的声音
制作陶器的声音
制作美食的声音
弹奏古曲乐器的声音
其他

谢谢您的合作!

以下图表是关于少数民族声音调查问卷的汇总（有效调查47份）

1. 您的年龄

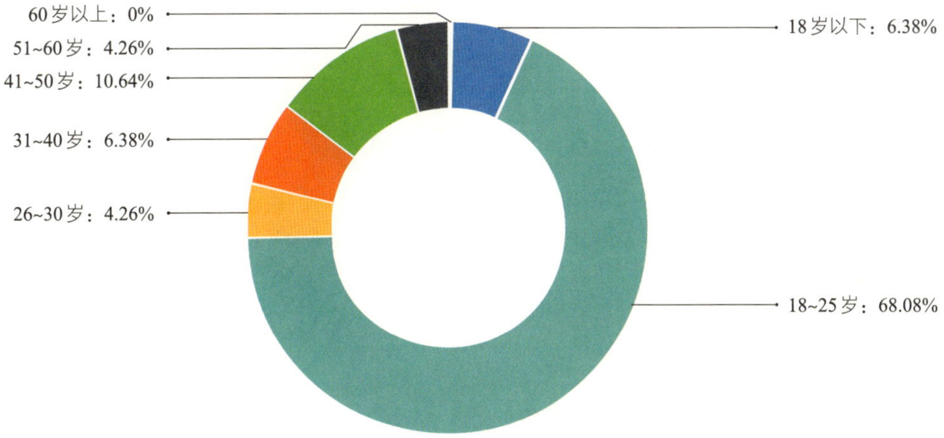

2. 您的性别

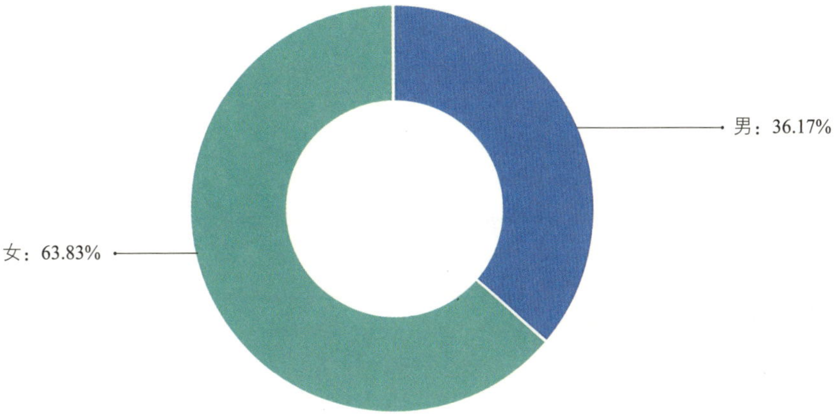

3. 您的职业

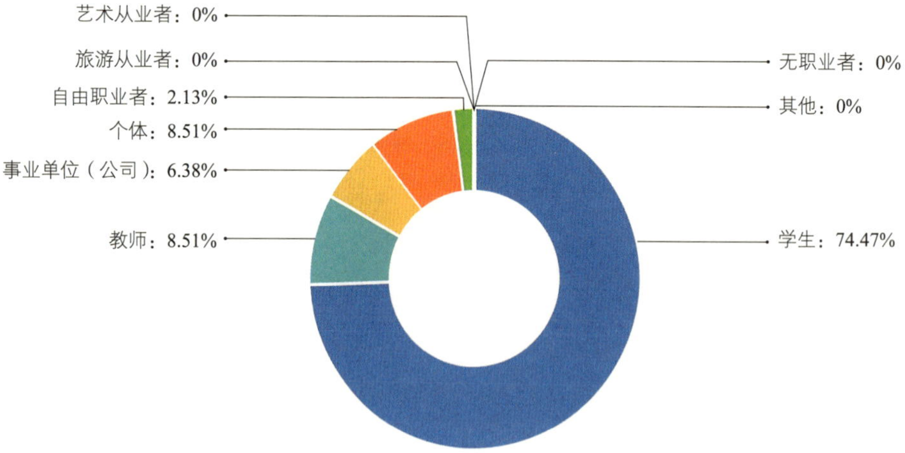

4. 您对声音方面了解吗？

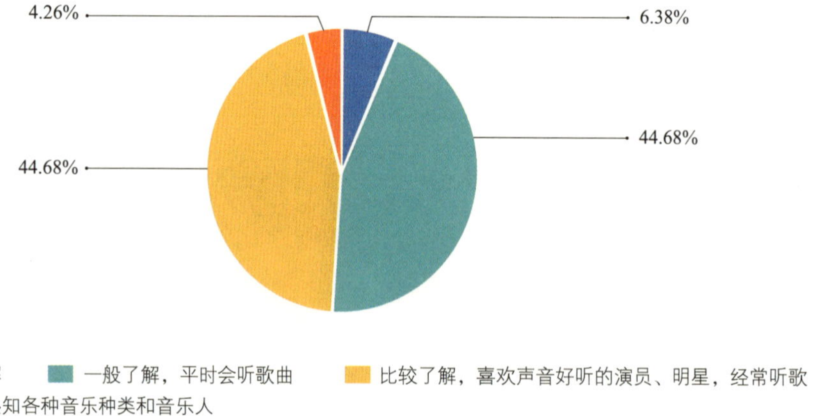

5. 您平时听什么类型的音乐？

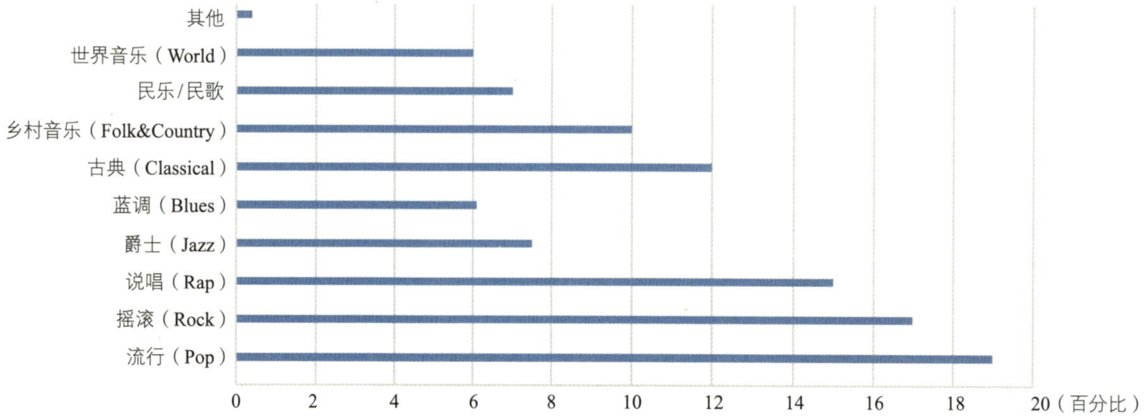

6. 您印象最深的声音是什么？

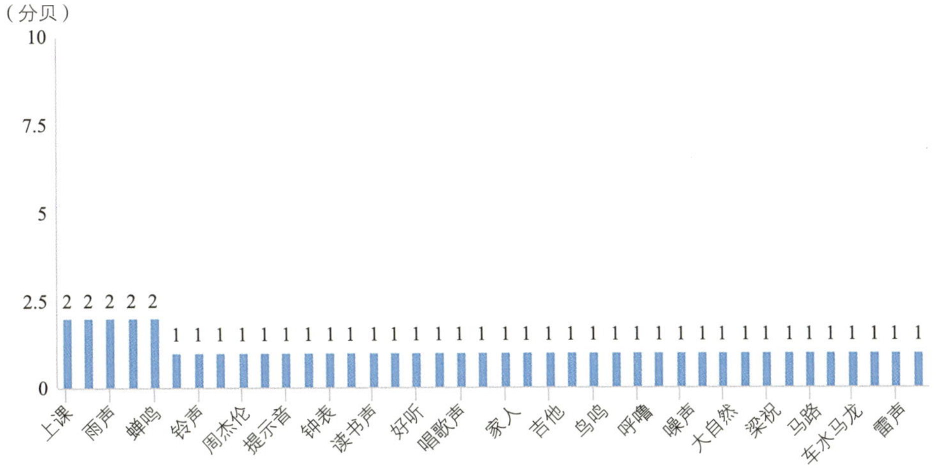

7. 您最反感的声音是什么（多选）？

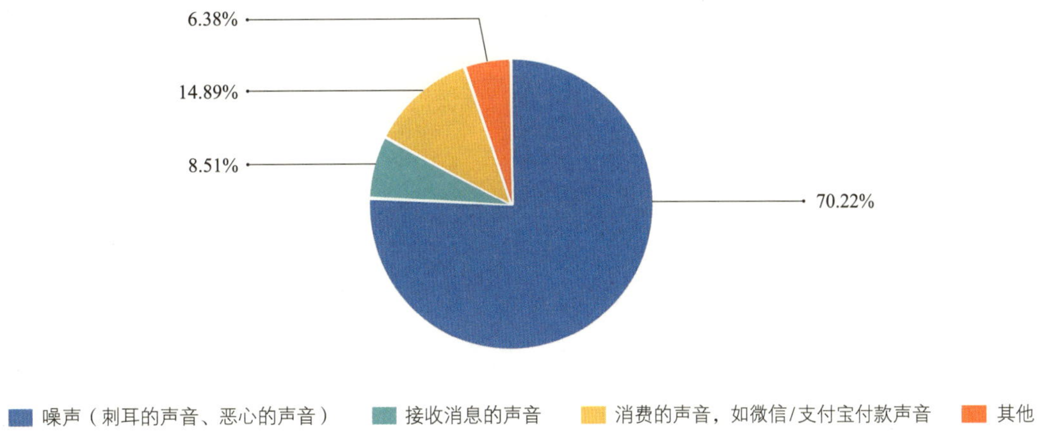

8. 最反感的声音给您带来了什么麻烦（多选）？

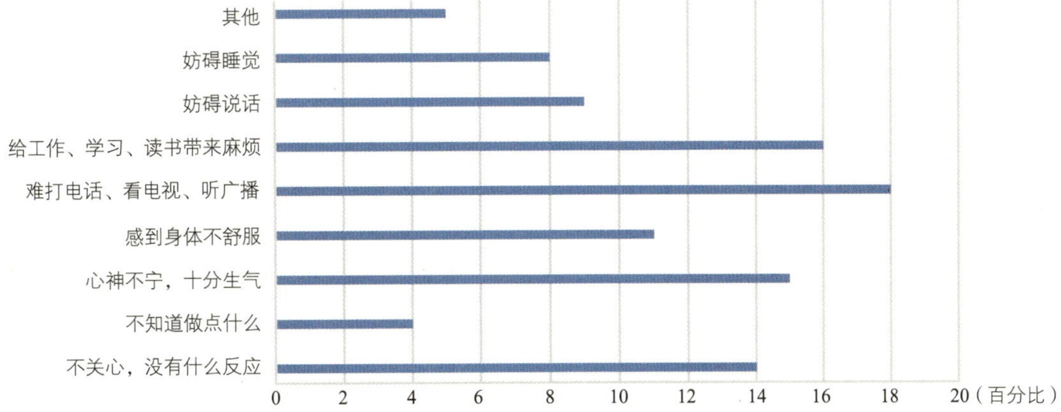

9. 您身边能听到什么地方的语言/方言（多选）？

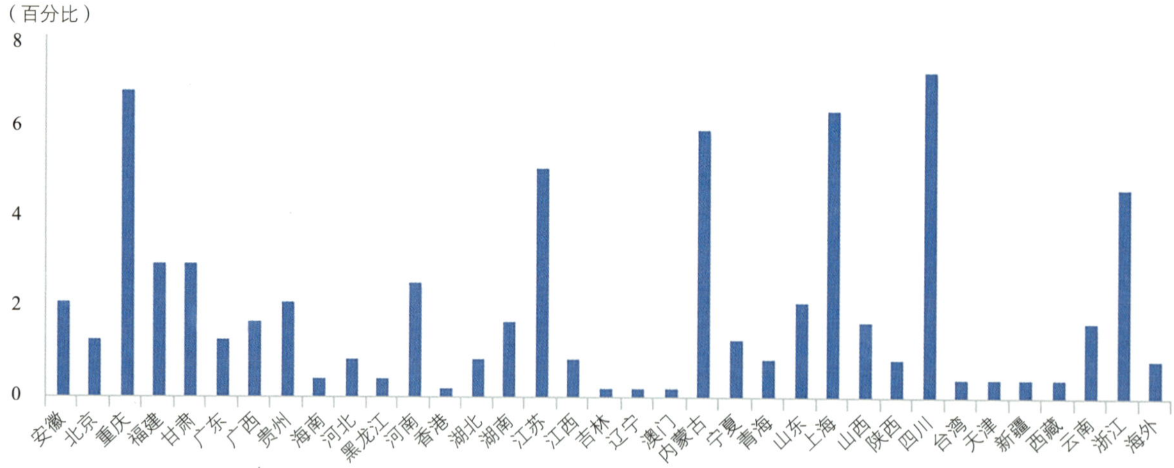

10. 您接触过与地区语言/方言等声音类有关的产品吗（多选）？

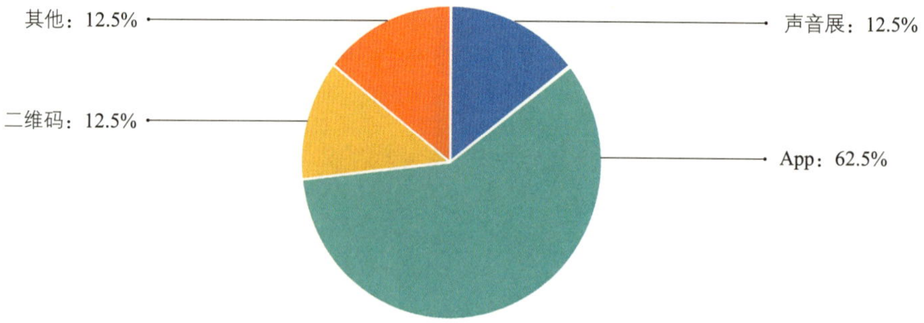

11. 在您的日常生活中，可以听到哪些与非遗有关的声音（多选）？

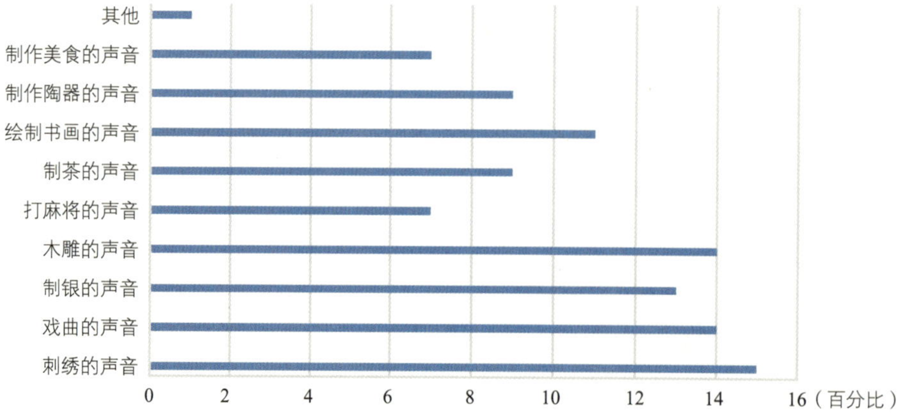

课后习题：

1. 在声音采集中，下列哪种设备被描述为主要的声音采集器？（　）

A. 手机
B. 录音笔
C.H2N 声音采集器
D. 麦克风元件

2. Zoom H2N 声音采集器有多少种录音模式？（　）

A.1 种
B.2 种
C.3 种
D.4 种

3. 哪种录音模式适合人声采集？（　）

A.XY 模式
B.MS 模式
C.XY 和 MS 混合模式
D.4 轨录音模式

4. 声音设计中，可以使用什么方法采集人耳捕捉不到的低频声音？（　）

A. 连接自制驻极板半导体元片
B. 将元片头伸入海水中
C. 使用硅胶材料涂抹保护元片
D. 将微型麦克风元件置入自制人耳模型

5. 有效声音指的是什么？（　）

A. 录制或听到的声音都可以被视为有效声音
B. 采集者保存或有意识保存的声音
C. 通过音频软件去除不需要的声音
D. 每个人都有不同的有效声音定义

6. 分贝（dB）用于度量什么？（　）

A. 声音的频率
B. 声音的强度
C. 声音的音调
D. 声音的时长

7. 赫兹（Hz）用于度量什么？（　）

A. 声音的频率
B. 声音的强度
C. 声音的音调
D. 声音的时长

思考题：

在研究中，为什么需要通过使用不同的研究方法来探索声音媒体艺术？这些研究方法之间有什么优势和互补性？

第二章　Audition 应用与实践

第二章　Audition应用与实践

本章概述

本章重点介绍Audition软件界面的操作方法，包括工作区界面介绍、显示状态栏、基本工作流程以及录音中音效剪辑和音频文件保存格式等操作步骤。通过实际案例，带领学生深入学习，提高软件操作的熟练程度。以具体实训案例分析音频剪辑和音频数据，为学生提供实际操作的机会。通过本章内容，学生将全面掌握Audition软件的使用方法和数字音频处理的基本原理，为进一步的学习和实践奠定基础。

学习目标

深入探讨数字音频的基础知识和Audition软件的操作技巧。通过对比模拟音频和数字音频，了解采样率、比特深度，以及以峰值分贝（dBFS）为单位测量振幅等概念，掌握音频文件的内容和大小。深入了解Audition数字化音频的方式，奠定软件使用理论基础。结合课后习题，巩固理论知识，使学生学习更具实践性。

第一节　数字音频的基础知识

一、对比模拟音频和数字音频

在模拟音频和数字音频中，声音的传输和存储方式存在显著的差异。在模拟音频中，声音被表示为正负电压。麦克风将声音的压力波转换为电压变化，其中高压转换为正电压，低压转换为负电压。这些电压变化通过麦克风电线传输，可以被记录在磁带中的磁场强度变化中或记录在黑胶唱片中的凹槽大小变化中；相反，扬声器则通过电压信号将音频信息重新转换为振动和压力波。

在数字音频中，声音以0和1的形式表示。与模拟存储介质（如磁带或黑胶唱片）不同，计算机以数字形式将音频信息存储为一系列的0和1。在数字存储中，原始音频波形被分割为离散的时间点，称为采样。这个过程通常被称为数字化或音频采样，有时也被称为模数转换。当用麦克风等录制音频时，模数转换器将模拟信号转换为计算机可以存储和处理的数字样本。

二、采样率

采样率是指音频信号在每秒内进行的数字采样次数，它决定了音频文件所能包含的频率范围。较高的采样率能够更接近原始模拟波形，使得数字波形的形状更加准确；相反，较低的采样率会限制录制的频率范围，从而无法有效地还原原始声音。

为了准确还原给定的频率，采样率必须至少是该频率的两倍。举例来说，CD的采样率为44100/秒，因此能够还原最高频率为22050Hz的声音信号，稍高于人类听觉的上限20000Hz。

三、比特深度

比特深度在决定动态范围方面起着重要作用。在对声波进行采样时，每个采样点都被赋予一个与原始声波振幅最接近的数值。较高的比特深度提供了更多的数值选择，从而产生更广阔的动态范围、更低的噪声水平和更高的音质保真度。为了确保最佳的音质表现，Audition使用32位模式处理所有音频，并在保存文件时转换为指定的比特深度。因此，较高的比特深度能够提供更宽广的动态范围。

四、以峰值分贝（dBFS）为单位测量振幅

在数字音频中，振幅的测量单位是满量程的峰值分贝数，或者称为dBFS。0 dBFS代表最大可能的振幅，而所有低于此值的振幅则以负数表示。需要注意的是，dBFS值并不直接对应于以声学分贝为单位测量的原始声音压力级别，这是因为音频文件的内容和大小不仅取决于振幅，还受到其他因素的影响。

五、音频文件的内容和大小

存储在硬盘中的音频文件（如WAV文件）包括采样率和比特深度等参数。随后是一系列数字样本，每个样本代表一个采样点的数值。这些音频文件可能占据相当大的存储空间。举例来说，假设采样频率为44100Hz，每个采样点使用16位编码，那么单声道文件每秒将占用约86KB的存储空间，每分钟将占用约5MB的存储空间。如果是立体声文件，即包含两个声道，以上数据将翻倍，每分钟将占用大约10MB的存储空间。

六、Audition数字化音频的方式

在Audition软件中进行音频录制时，声卡会启动录制过程，并设置所采用的采样率和比特深度。声卡通过“线路输入”或“麦克风”端口接收模拟音频信号，然后按照设定的采样率进行数字化采样。每个采样按顺序存储，直到录制停止。在Audition中播放音频文件时，执行相反的过程。Audition将一系列数字采样发送到声卡，声卡会重新构建原始波形，并通过“线路输出”端口以模拟信号形式发送到扬声器。总体来说，数字化音频的过程源于空气中的声压波。麦克风将声压波转换为电压变化，而声卡则将这些电压变化转换为数字采样。

第二节　Audition软件界面操作

Audition提供了一系列用于编辑和重新混合音频文件的功能，包括分层多个音频文件、调整音效设置以及创建与视频或项目的持续时间相匹配的重新混合。使用Audition的多轨视图，可以将多个音频文件分层以创建立体声或环绕声混音，所做的任何编辑都可以根据需要进行的调整。如果音效听起来不合适，可以修改设置以获得所需的效果。

一、工作区界面

工具栏是一个重要的组件，它具有提供快速访问各种工具和工作区菜单的功能。它还可以在波形编辑器和多轨编辑器之间进行轻松切换。虽然每个视图都提供特定的导航工具，但是某些波形编辑器工具仅在频谱显示中可用。通常，工具栏位于菜单栏下方，方便快速找到所需的功能。如果需要，可以取消将导航栏固定在原位的设置，使其成为一个可移动的导航面板如图2-2-1所示。

要显示或隐藏导航栏，可以单击“窗口”菜单项，然后选择“导航”选项。通过旁边的复选标记，可以控制导航栏的可见性。如果想将导航栏移动到工作区域的其他位置，只需拖动导航栏左侧边缘位置即可。通过工具栏的使用，可以更加高效地浏览和操作各种工具和功能，从而提高工作效率。

如果想将工具面板重新放回默认位置，只需将工具面板选项卡放在菜单栏正下方即可，这样就能完全展开Audition窗口的放置区，并将工具面板恢复到原始布局。通过这些调整，可以根据个人偏好

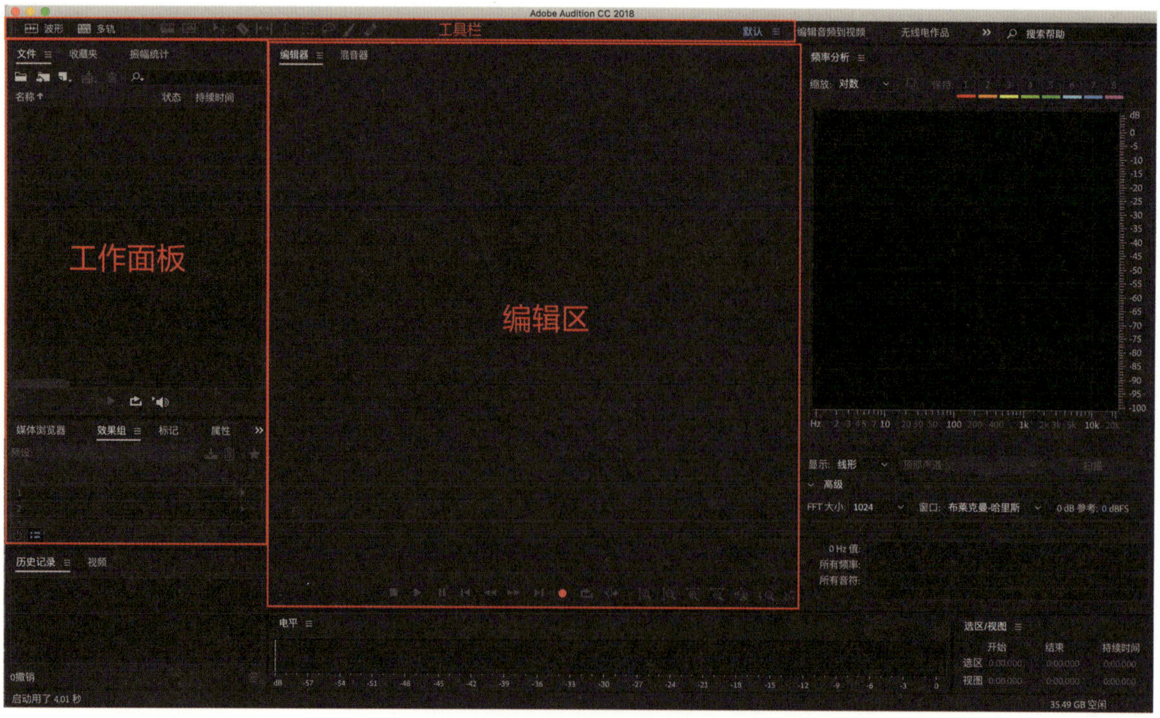

图 2-2-1　Audition 界面

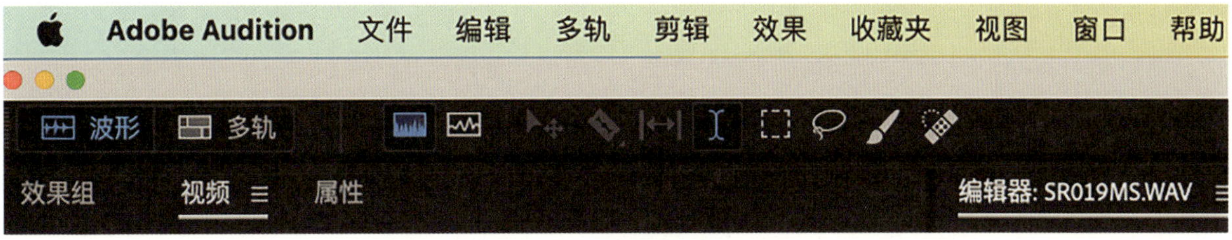

图 2-2-2　波形编辑器工具

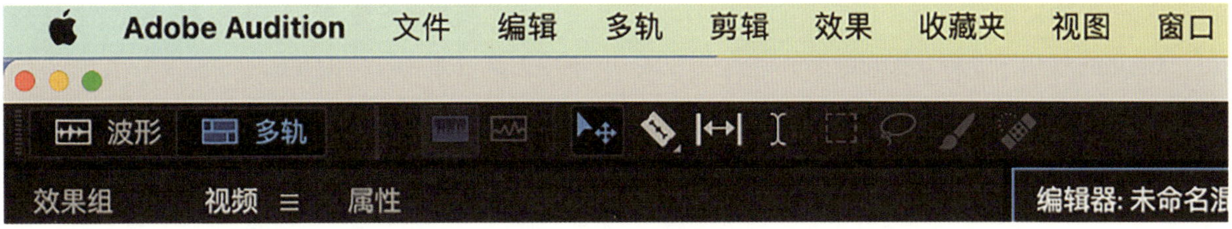

图 2-2-3　多轨编辑器工具

和工作流程，灵活使用工具栏和导航栏，以满足需求。在每个视图中，可用的工具都有差别，如用于频谱显示的波形编辑器工具（图2-2-2）、多轨编辑器工具（图2-2-3）。

二、状态栏

在Audition的工作区域底部，可找到状态栏，它横跨整个界面，如图2-2-4所示。状态栏提供了关于当前工作状态的关键信息。左侧部分显示文件操作（如打开、保存或处理）所需的时间，同时显示当前的传输状态（如播放、录音或停止）。在状态栏的右侧，可以根据个人需求自定义显示各种信息，以满足不同需求[1]。

若要显示或隐藏状态栏，则选择“视图”→“状态栏”→“显示”选项。复选标记表示状态栏的可见性。若要更改状态栏最右侧显示的信息，则选择“视图”→“状态栏”选项，或右击状态栏，然后从以下选项中进行选择。

采样类型：显示有关当前打开的波形编辑器中的波形或多轨编辑器中的会话文件的样本信息。例如对于一个44100Hz、16位立体声文件，将显示为“44100 Hz·16位 · 立体声”。

未经压缩的音频大小：表示活动音频文件的大小（保存为未经压缩的格式，如WAV和AIFF），或多轨会话的总大小。

持续时间：显示当前波形或会话的长度。例如0：01：247表示波形或会话的长度为1.247秒。

可用空间：显示硬盘驱动器上的可用空间量。

可用空间（时间）：根据所选的采样率，可以

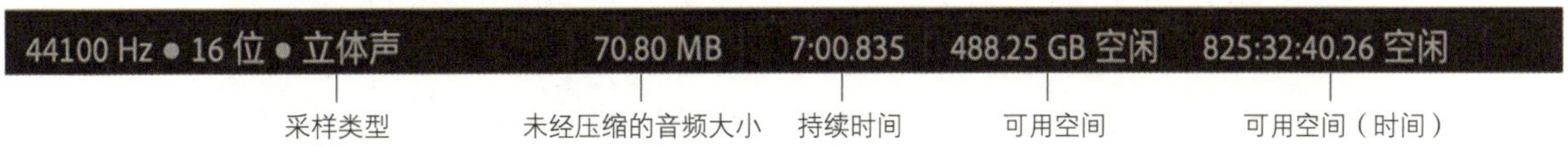

图 2-2-4　状态栏

[1] Adobe公司：《Adobe Audition CC经典教程》，人民邮电出版社，2014。

查看可用的录音时间，以分钟、秒和毫秒的形式呈现。例如在Audition中使用11025Hz的8位单声道进行录音时，可能会看到剩余4399分钟15.527秒。如果更改录音选项以使用44100Hz录制16位立体声音频，那么可用时间将变为680分钟44.736秒。初始设置下，“可用空间（时间）”信息将被隐藏。要显示该信息，可右击状态栏，然后选择“可用空间（时间）”选项。

Audition提供了多种放大和缩小时间线视图的方法，以调整主调色板中的显示。可以使用缩放按钮或滚动条和标尺进行放大、缩小操作。放大后，可以查看音频文件或多轨项目的细节，缩小后则可以进行整体预览，如图2-2-5、图2-2-6所示。

单击纵向放大按钮，可以增加编辑视图中音频波形的垂直显示精度或减少多轨视图中显示的音轨数量。

单击水平放大按钮，可以水平放大可视区域的波形或项目。

单击缩放选择按钮，可以对选定的区域进行水平放大，以适应当前视图。

单击右边缘放大选择按钮，可以当前选定区域的右边界为基准进行水平放大。

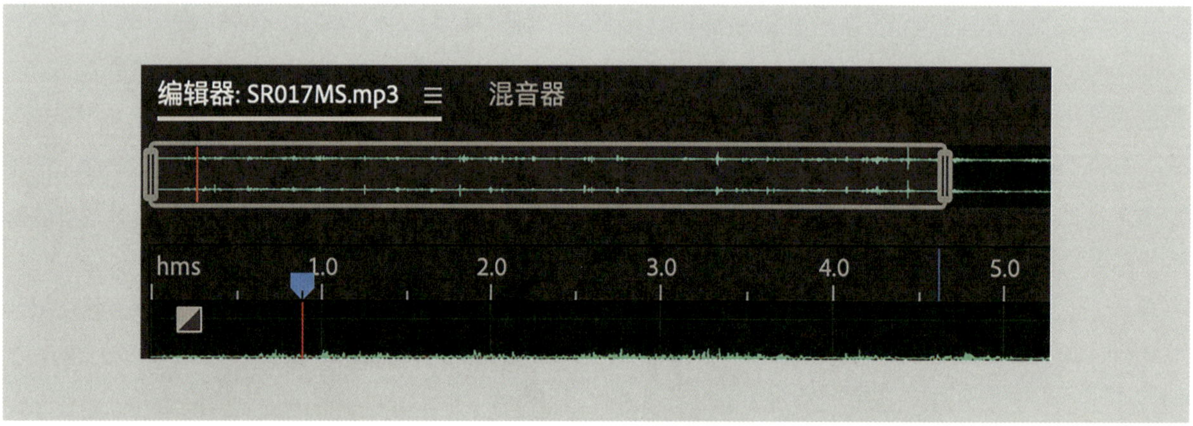

图2-2-5　时间线视图

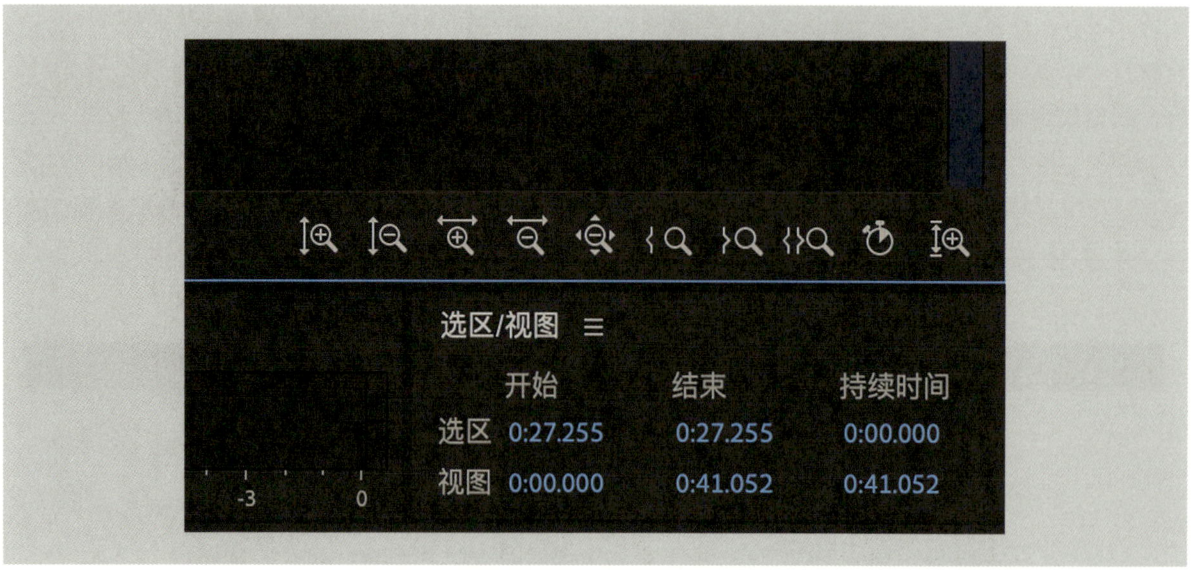

图2-2-6　放大缩小工具

单击左边缘放大选择按钮，可以当前选定区域的左边界为基准进行水平放大。

单击水平缩小按钮，可以水平缩小可视区域的波形或项目。

单击缩小全轴按钮，可以在编辑视图中显示完整的音频波形，或在多轨视图中显示整个项目。

单击纵向缩小按钮，可以减小编辑视图中音频波形的垂直显示精度，或增加多轨视图中显示的音轨数量。

三、基本工作流程

在Audition中，音频编辑涉及多个环节，这些环节共同构成一个完整的工作流程。Audition提供了3个视图，针对不同的工作流程进行了优化。

在编辑视图中，可以处理单个音频文件，并将其用于音频广播、网络或音频CD。

在多轨视图中，可以混合多个音频文件，创作复杂的音乐作品或制作视频配乐。

在CD视图下，可以组合音频文件，并将其转换并刻录成CD音轨。

Audition的界面切换和工作空间自定义功能使得不同工作流程可以无缝集成和连接，形成一个完整的工作流程，以满足不同工作目标的需求。在编辑视图中，可以编辑和保存单个音频文件，所有编辑都可以保存到源文件中。这样，可以灵活地处理音频，确保工作流程高效顺畅。其基本工作流程如下。

（一）打开音频文件

打开一个音频编辑软件或选择一个已准备好用于编辑的音频文件，或者创建一个新的空白文件以便进行录音或将音频粘贴进去，如图2-2-7所示。

（二）编辑音频文件

在主剪辑面板中，可以运用多种编辑技巧来调整、编辑和创作全新的音频片段，消除不需要的声音元素，并将它们平滑地连接在一起。可以选择特定的部分应用声音效果或其他处理以满足需求，如图2-2-8所示。

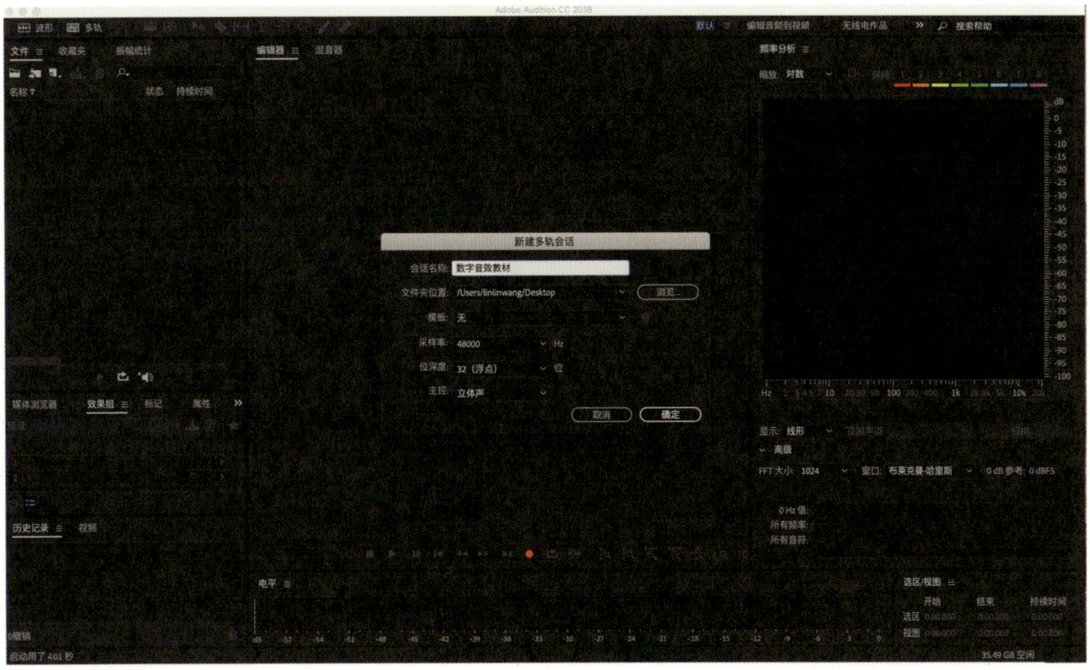

图2-2-7　新建多轨会话

（三）施加音效

效果可以单独应用于音频，也可以通过主控窗口进行组合应用。在主控窗口上，可以对效果的参数进行编辑，并对其进行排序，以实现所需的理想效果，如图2–2–9所示。

（四）保存

在磁盘上保存最终的结果，如图2–2–10所示。

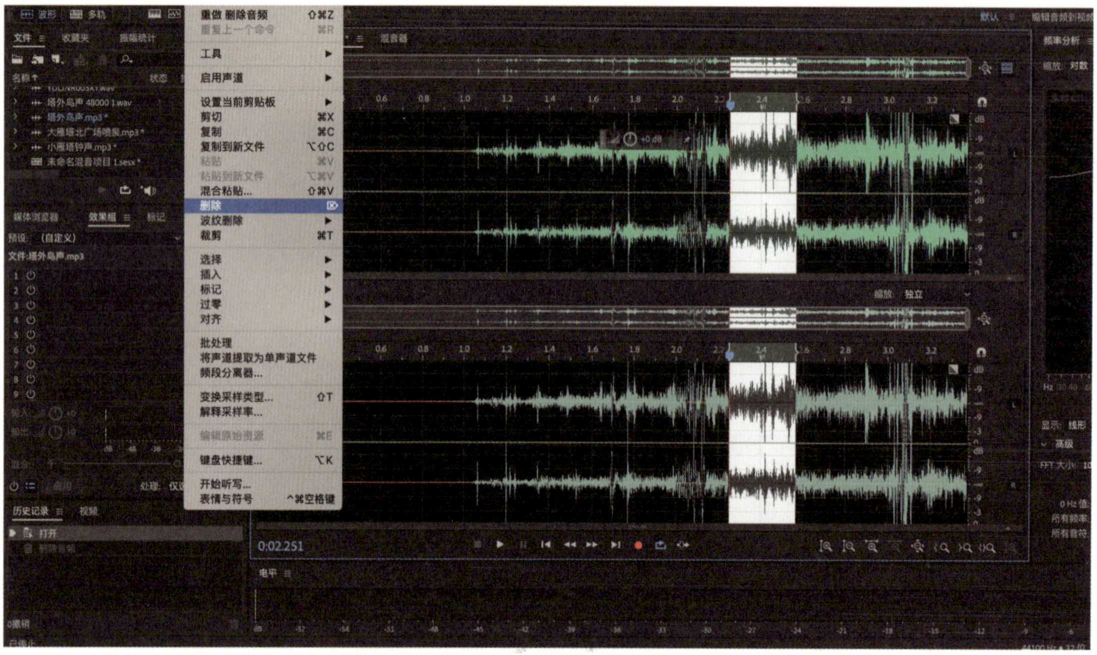

图 2–2–8　音频效果编辑

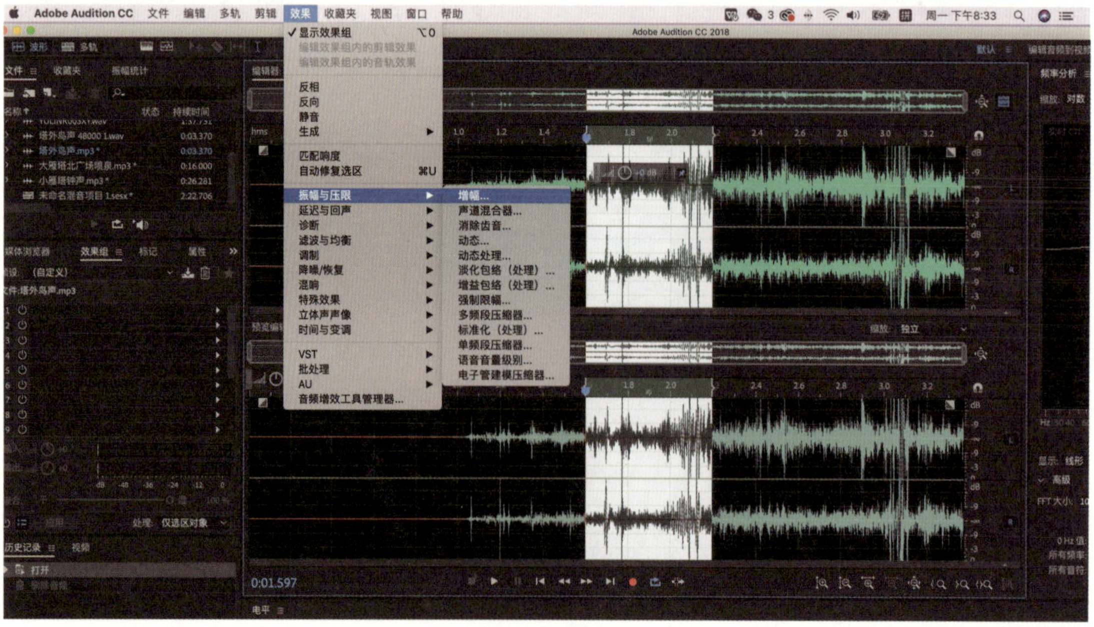

图 2–2–9　效果施加

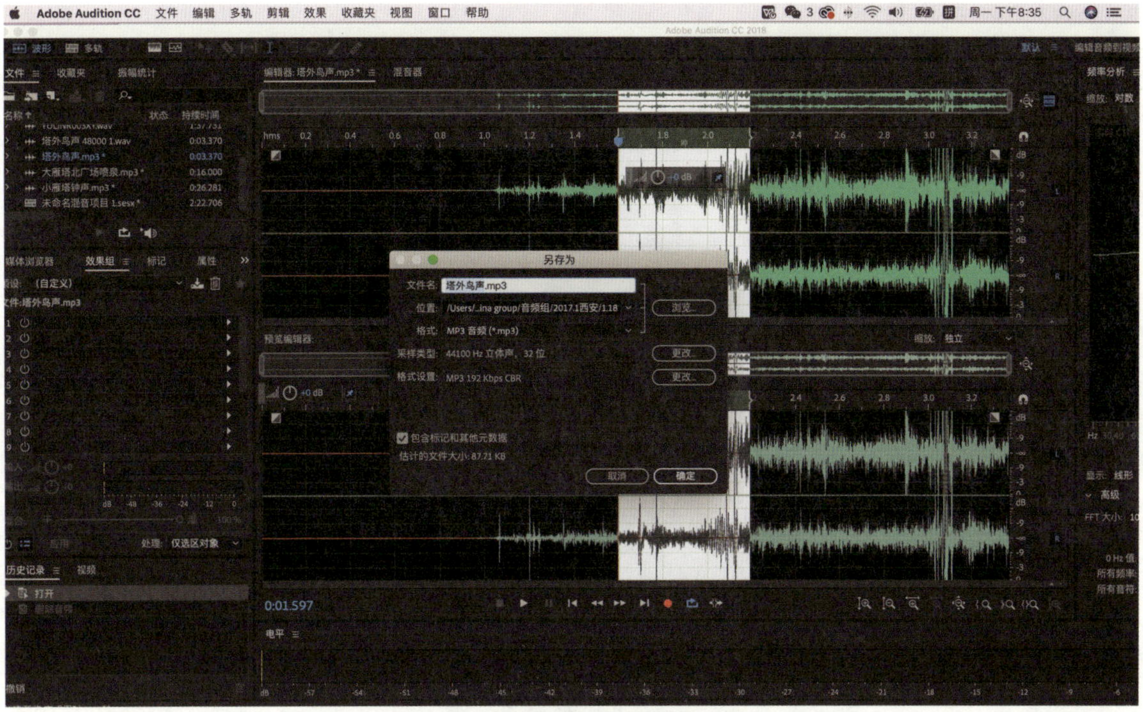

图 2-2-10　保存界面

四、录音中的音效剪辑

波形编辑器采用一种破坏性方法，该方法会对音频数据进行修改，并对保存的文件进行永久性更改。这种永久性的更改在转换采样率和比特深度、母带处理或批处理时具有优势。

（一）新建音频文件

要开始在波形视图中录制，选择“文件”→“新建音频”选项，如图2-2-11所示。

（二）设置文件名

采样率44100Hz通常是录音标准。如果是编辑视频中的录音，需要48000Hz。录制音乐或音频通常采用立体声，如图2-2-12所示。

（三）确认音频接口

在进行音频录制之前，确保设备类型和音频接口的设置是正确的。可以在Audition中通过以下步骤配置录制和回放的输入、输出参数：选择“编辑”→“首选项”，然后打开音频硬件设置界面，如图2-2-13所示。

Audition支持多种类型的声卡驱动程序，以满足不同的需求。

在Windows系统中，ASIO驱动程序适用于专业声卡，而MME驱动程序适用于标准音频设备。

在Mac操作系统中，Core Audio驱动程序同时支持专业和标准音频设备。

为了获得更好的性能和更低的延迟，建议优先选择ASIO和Core Audio驱动程序。在录制音频时，可以通过监控功能即时听到音量、声像和效果的变化，以确保录制质量的控制。在录制之前应仔细检查和配置设备，以确保音频的准确录制和高质量的回放体验。

（四）开始录制

在编辑器面板的底部单击录制按钮 可以开始和停止录制，如图2-2-14所示。

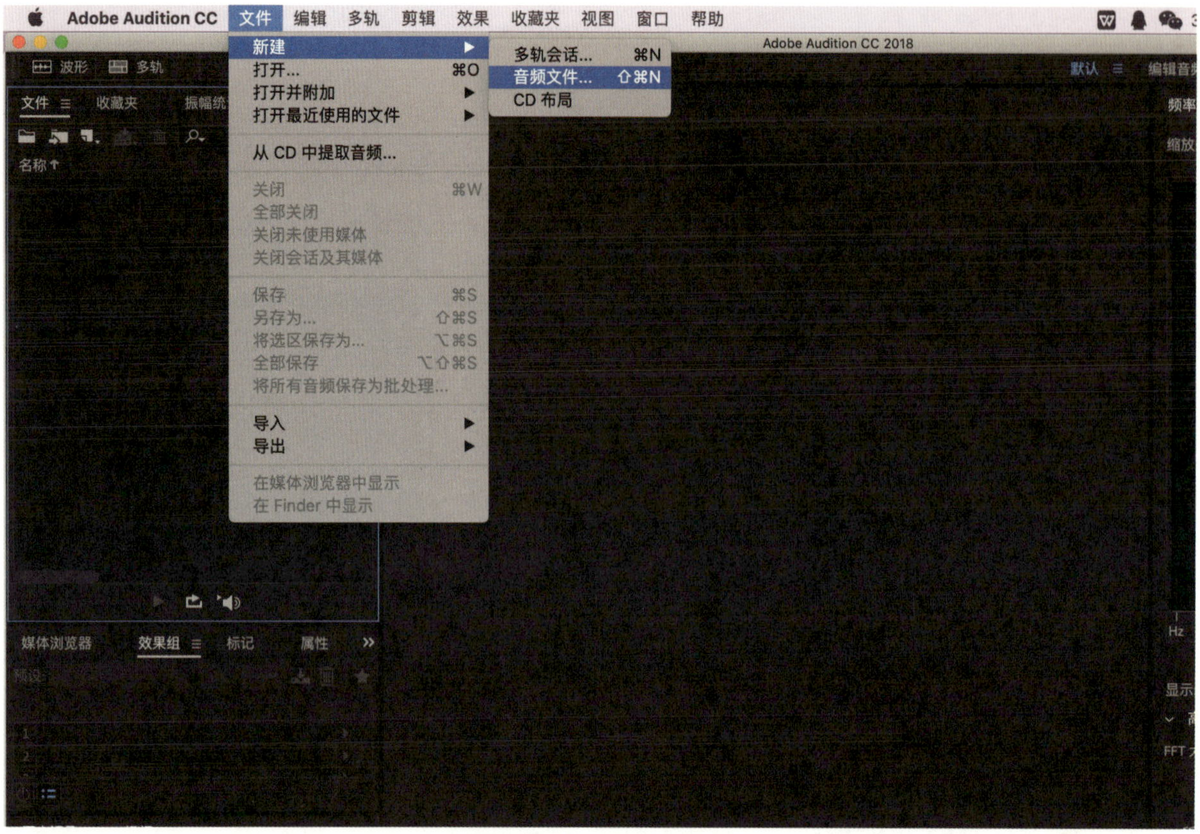

图 2-2-11　新建音频文件

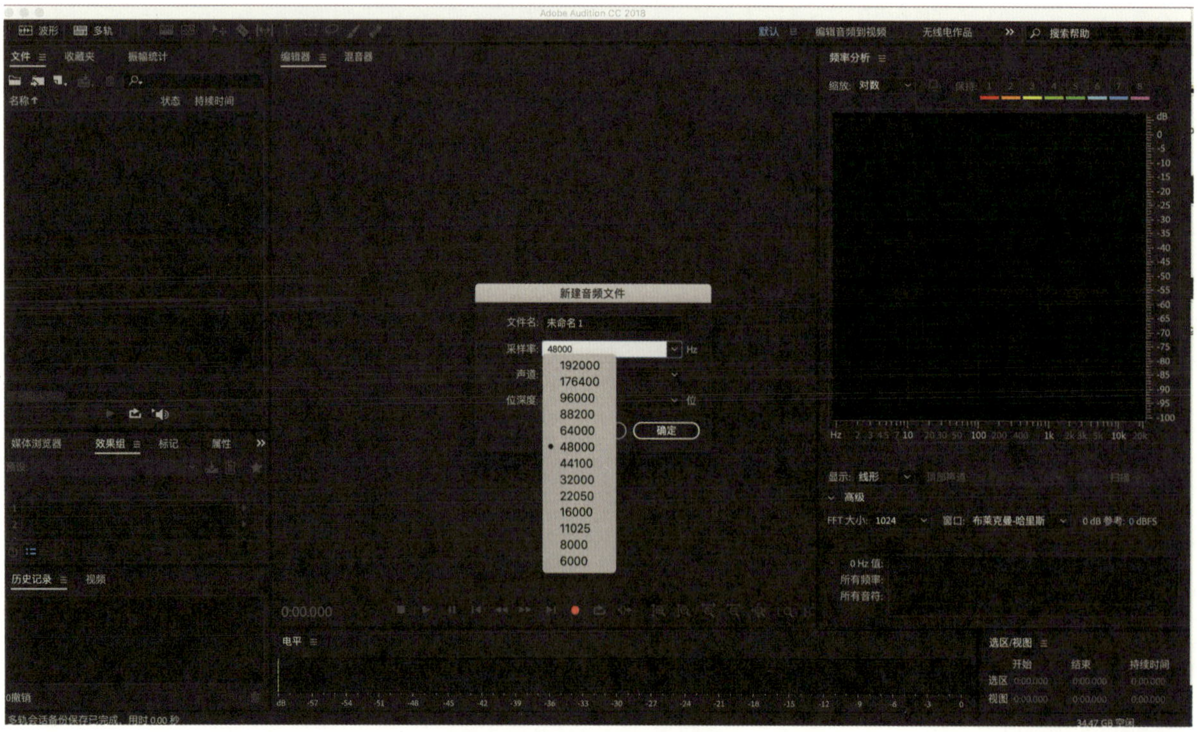

图 2-2-12　选择文件采样率

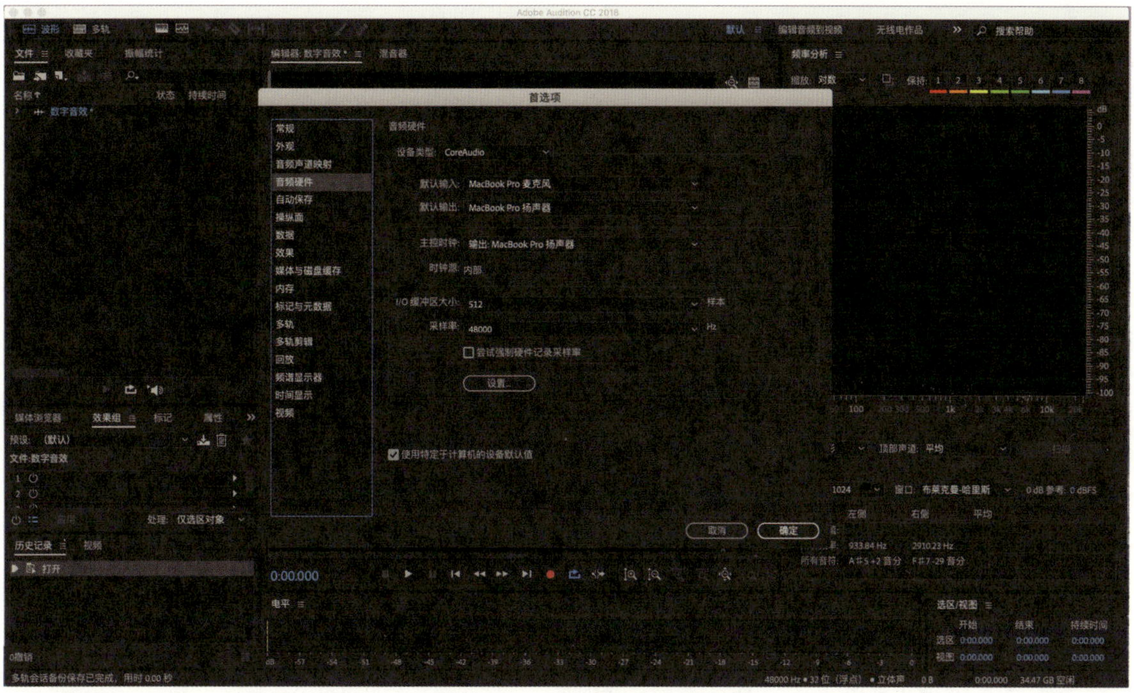

图 2-2-13　音频硬件设置

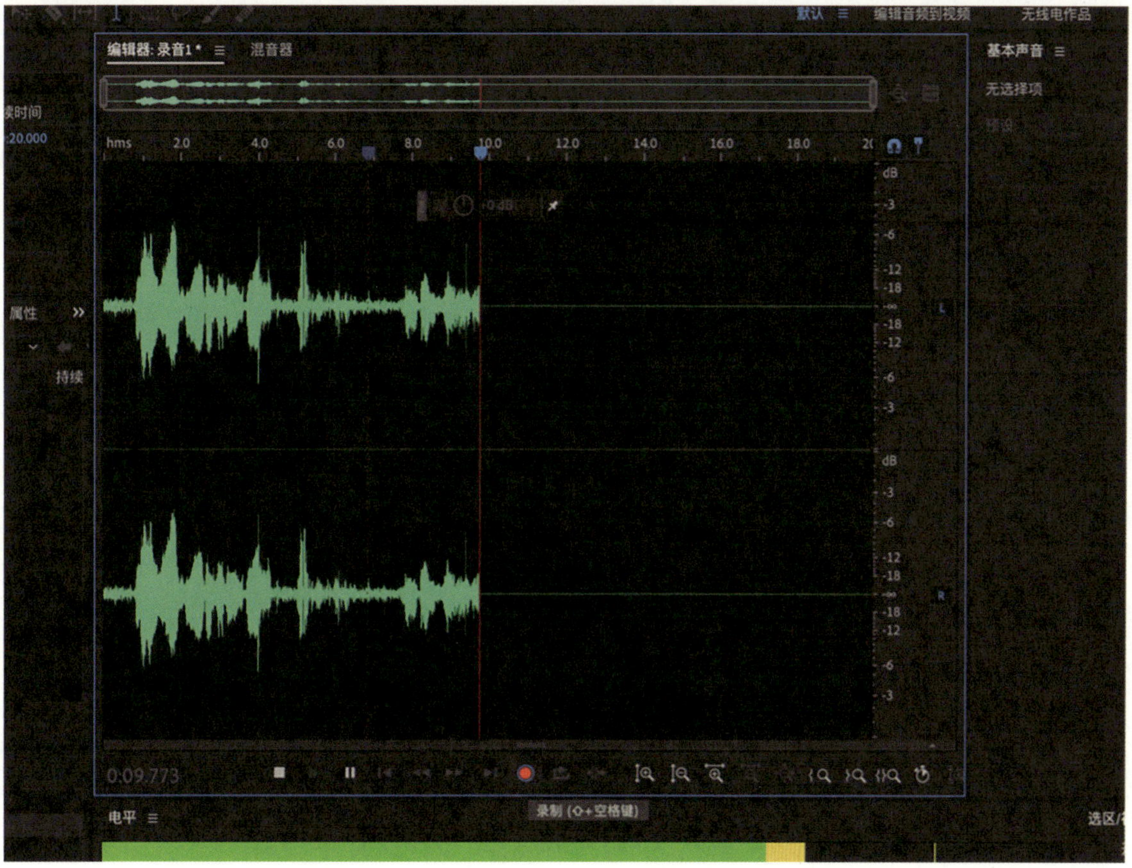

图 2-2-14　录音界面

（五）编辑音频

在完成录音后，按照需求对音频片段进行编辑或删除。在工具栏中，单击时间选择工具按钮。要选择时间范围，可在编辑器面板中进行拖动，如图2-2-15所示。

在编辑器面板中，可通过浮动在面板上方的增益控件直接升高或调低振幅，如图2-2-16所示。

在默认情况下，Audition 会将编辑应用到立体声。当然，也可以选择编辑特定声道，在编辑器面板的右侧，单击左声道或右声道按钮，如图2-2-17所示。

此外，还可以利用频谱显示功能来进行声音编辑和处理，以满足需求。通过选择合适的工具，如框选工具、套索选择工具或画笔选择工具，如图2-2-18所示，可以对声音进行精细调整，从而实现恢复工作的优化处理。这些工具能够提供灵活的操作方式，有效地调整声音的特定频段，以达到预期的效果。

选择框工具可选取矩形面积，如图2-2-19所示。

套索选择工具可以自由选择绘制区域，如图2-2-20所示。

画笔选择工具使用笔刷自由绘制，可设置笔刷的尺寸和透明度。白色选区的不透明度越高，效果强度越高，如图2-2-21所示。

调整选择项，可执行以下任一操作。

移动选择项，可以用鼠标指针拖动选择项，并将其移动到所需位置。

调整选择项的大小：将鼠标指针放在选择项的角

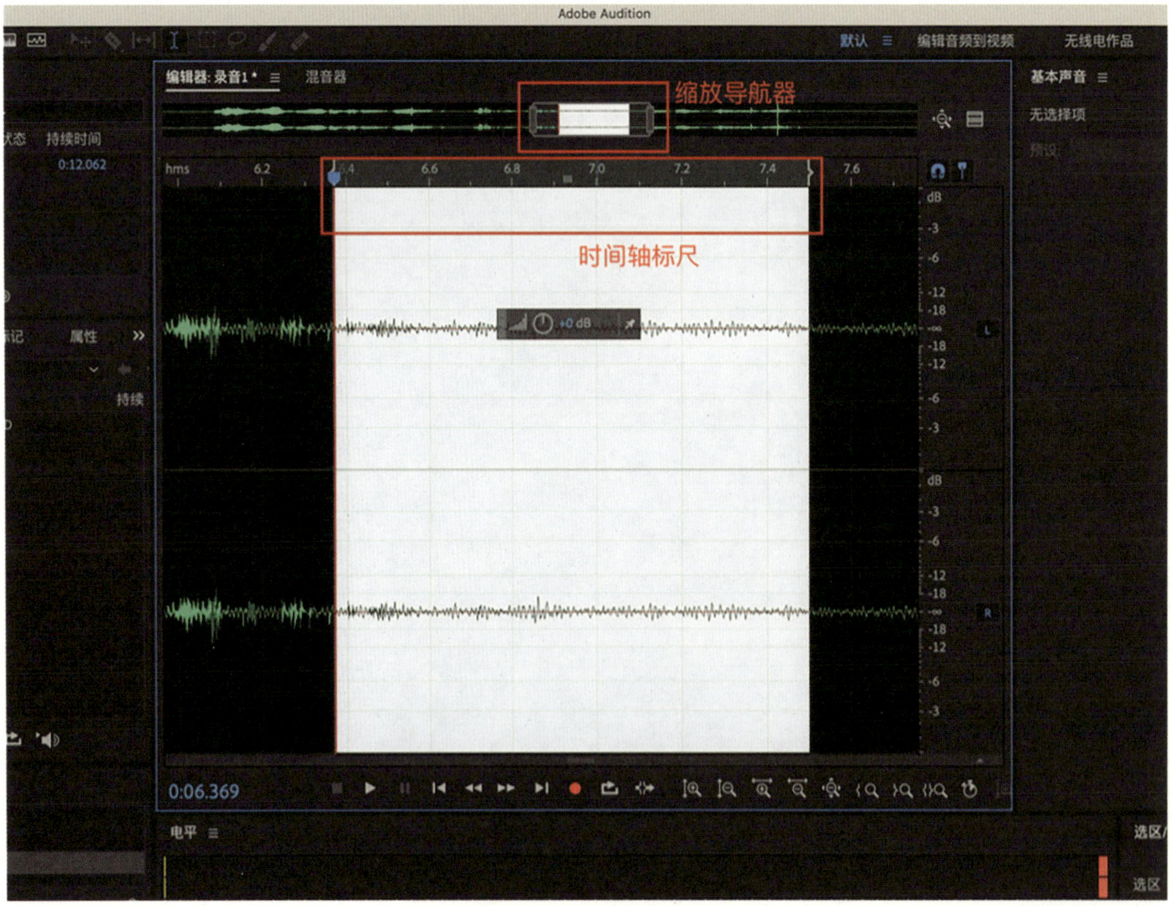

图2-2-15　操作界面

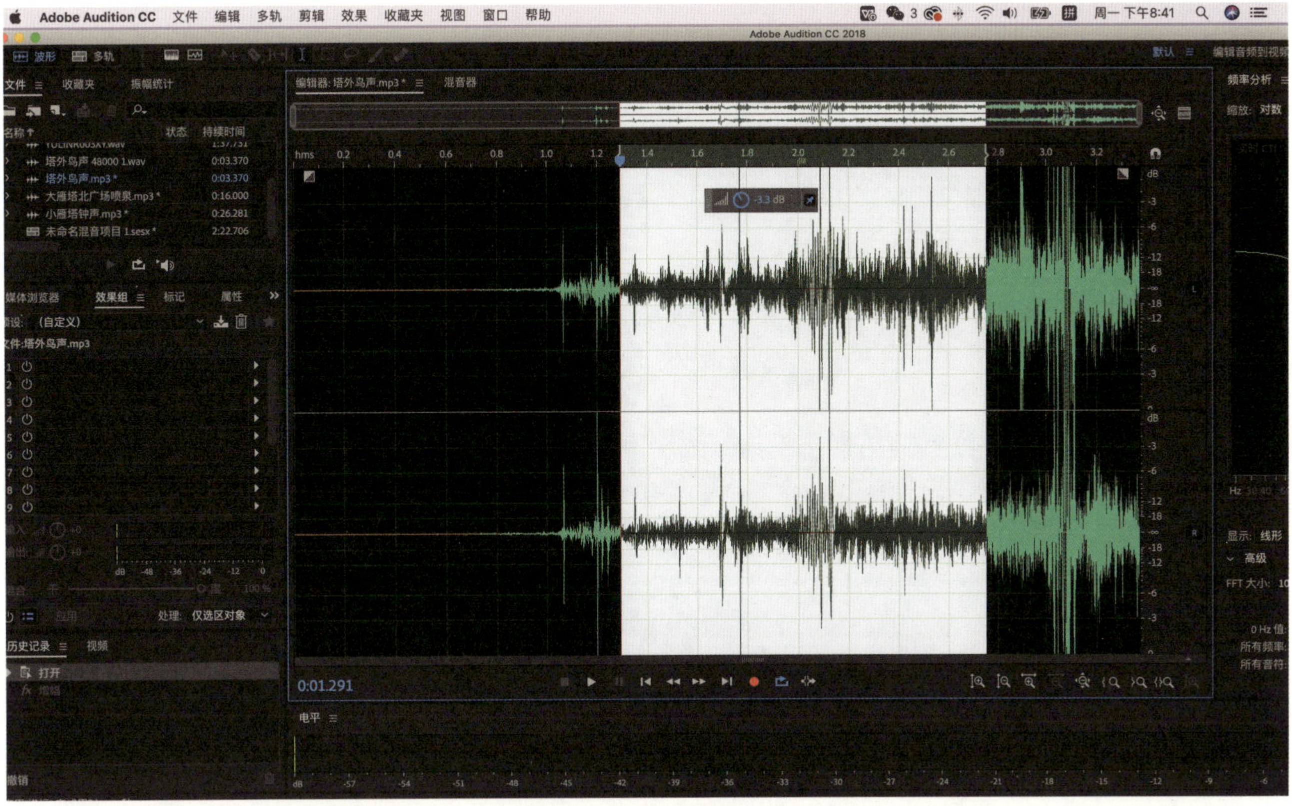

图 2-2-16　音频操作界面

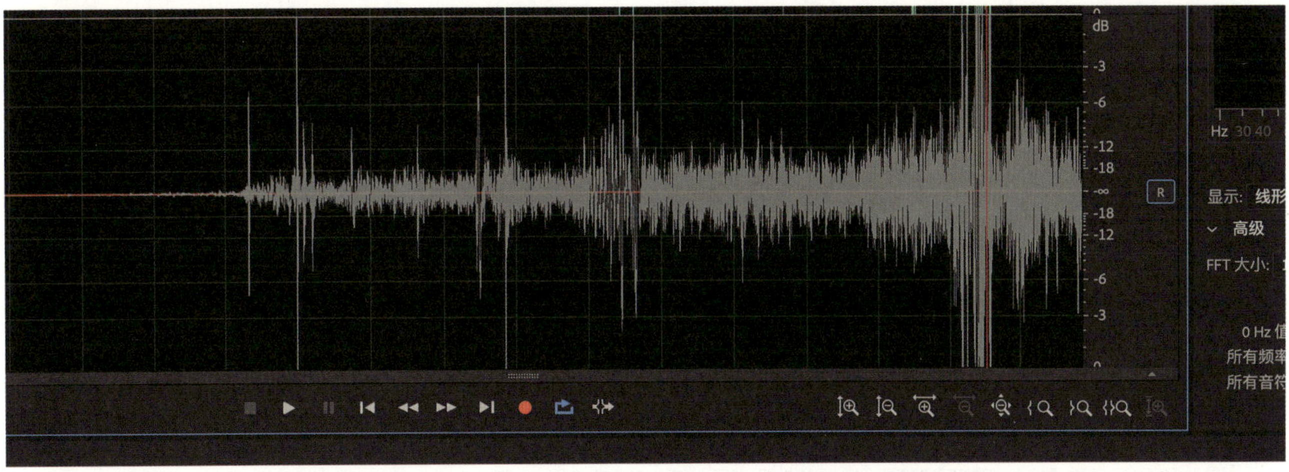

图 2-2-17　右声道

图 2-2-18　工具栏

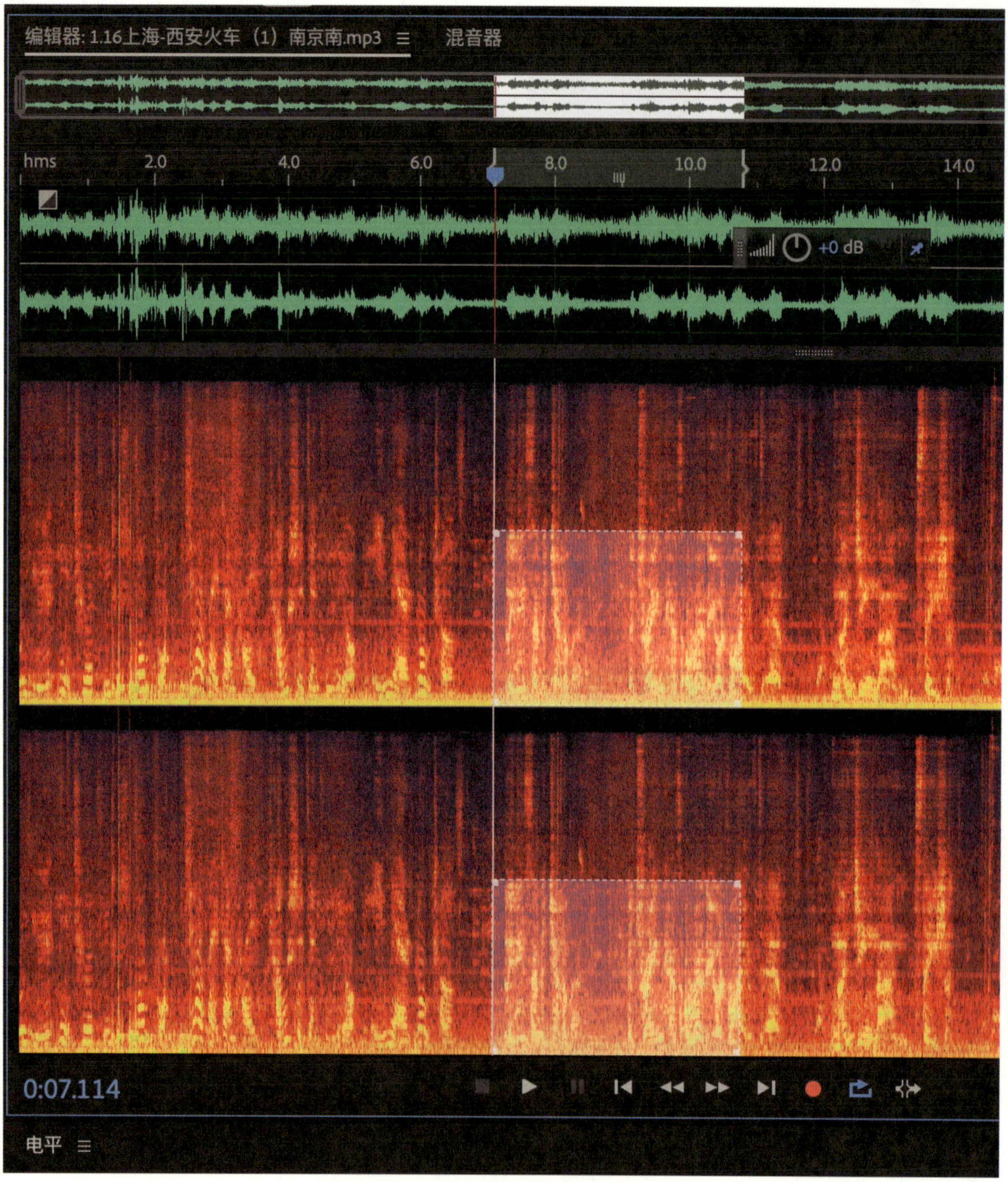

图 2-2-19　选择框工具操作界面

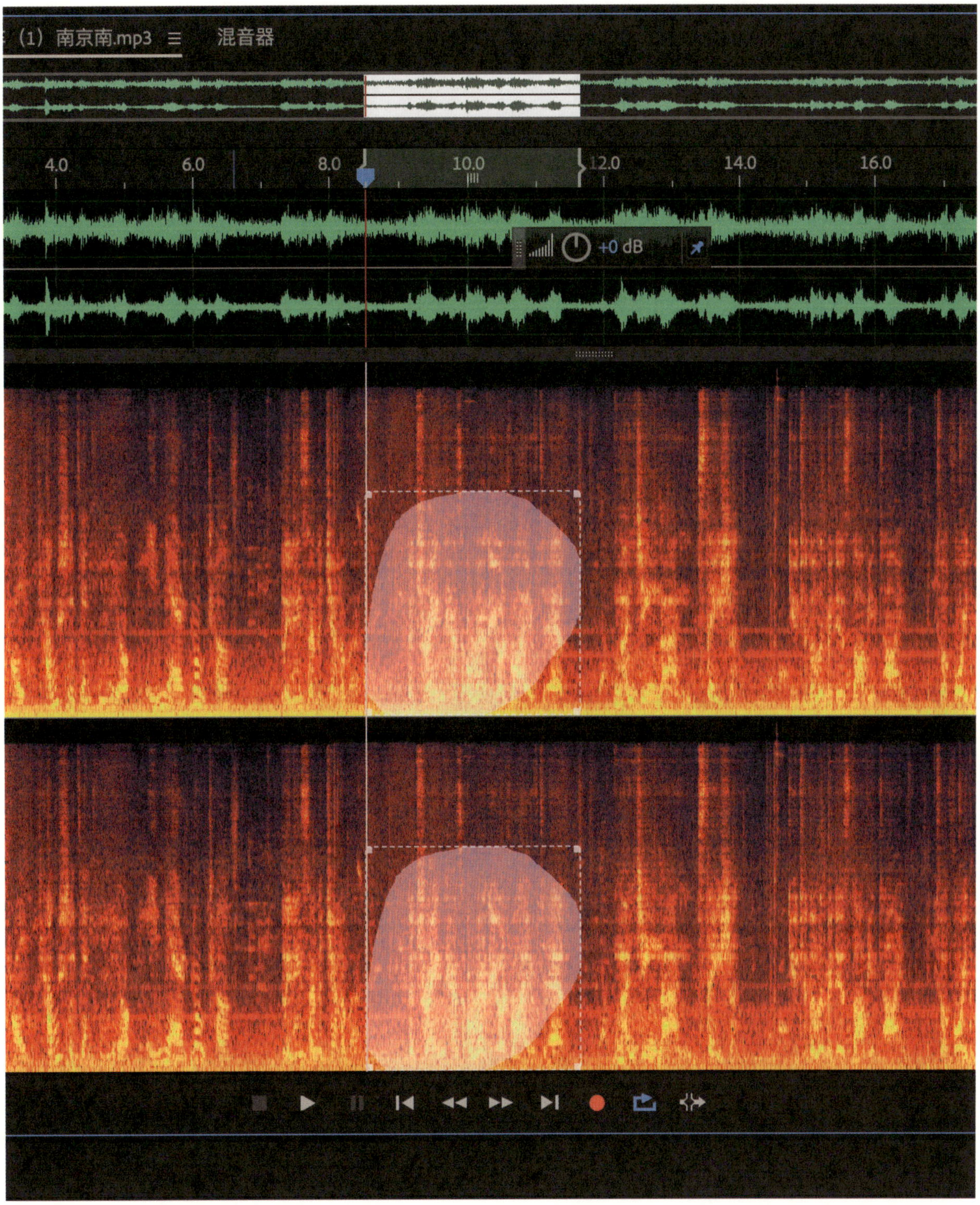

图 2-2-20　套索选择工具操作界面

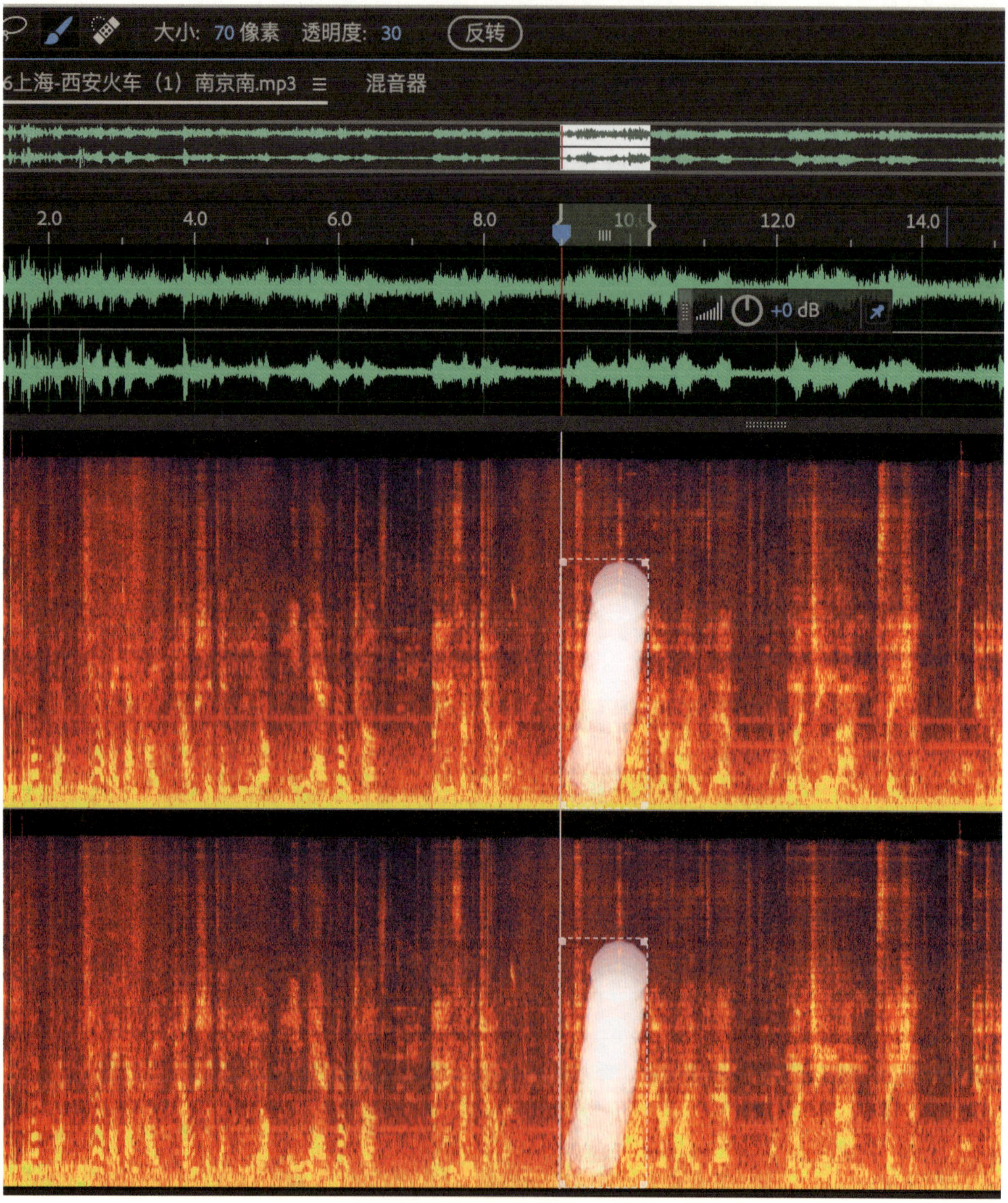

图 2-2-21　画笔选择工具操作界面

落或边缘，然后拖动以调整其大小。如果是画笔选择项，还可以在工具栏中调整画笔大小。

添加到套索或画笔选择项：按住Shift键并拖动，将选择项添加到套索或画笔选择项中。如果要从选择项中移除内容，可按住Alt键并拖动。

如果要确定画笔选择项的效果强度，可以在工具栏中调整“不透明度”，以确定应用于画笔选择项的效果强度。

（六）导出音频文件

在菜单栏中选择“文件”→“导出”→“文件”选项，如图2-2-22所示。

通常情况下，选择适当的音频存储位置和文件格式是非常重要的。对于大多数情况，会选择将音频以AIFF或WAV格式进行存储，如图2-2-23所示。只有在需要将文件上传至网站或播放设备时，才会将其转换为压缩格式，如MP3。这样可以确保音频质量的高保真性，同时满足特定媒体平台或设备的要求。

五、音频文件保存格式

建议在大多数情况下，将解压缩的音频文件保存为AIFF或WAV格式。仅当需要创建用于Web或便携式媒体播放器的文件时，可以选择将其保存为压缩的MP3格式。要进行格式设置，可打开“另存为”或“导出”对话框，单击“格式设置”右侧的“更改”按钮，通过这些选项，可以对音频文件进行适当的设置和调整。

（一）AIFF格式设置（*.aif、*.aiff、*.aifc）

AIFF是MacOS上常用的无损音频文件格式。它允许设置样本类型，特别适用于32位文件。比

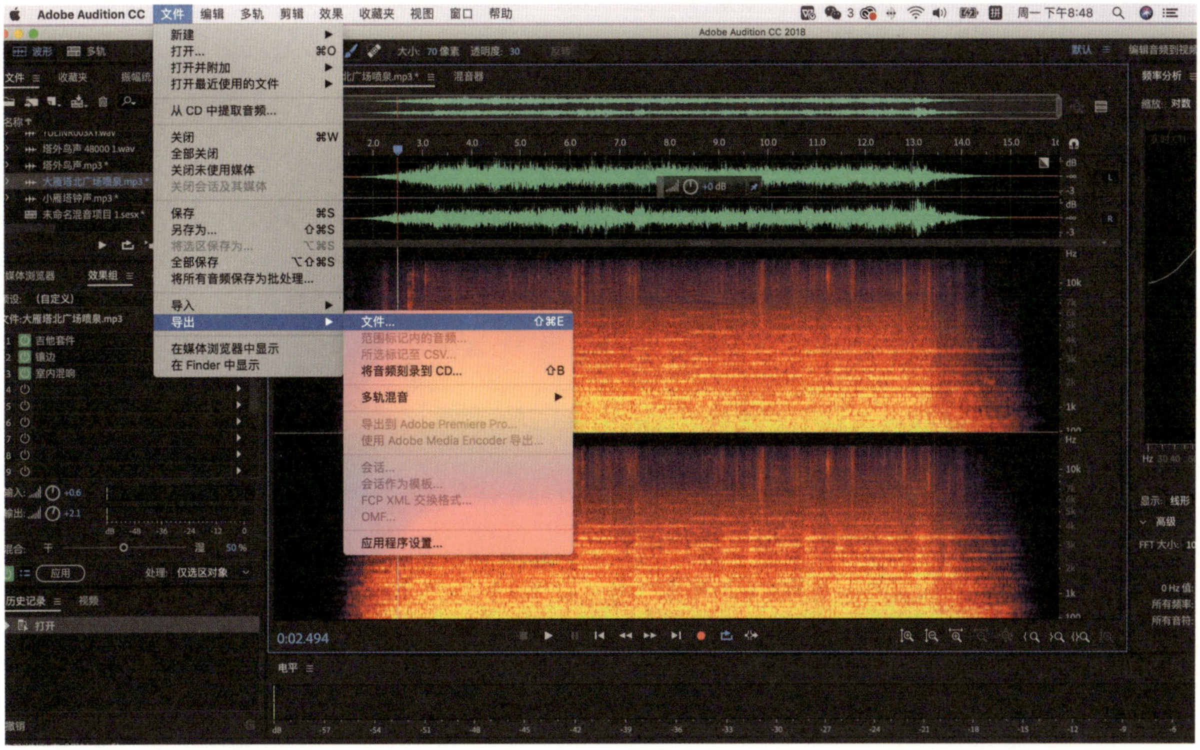

图 2-2-22　导出文件

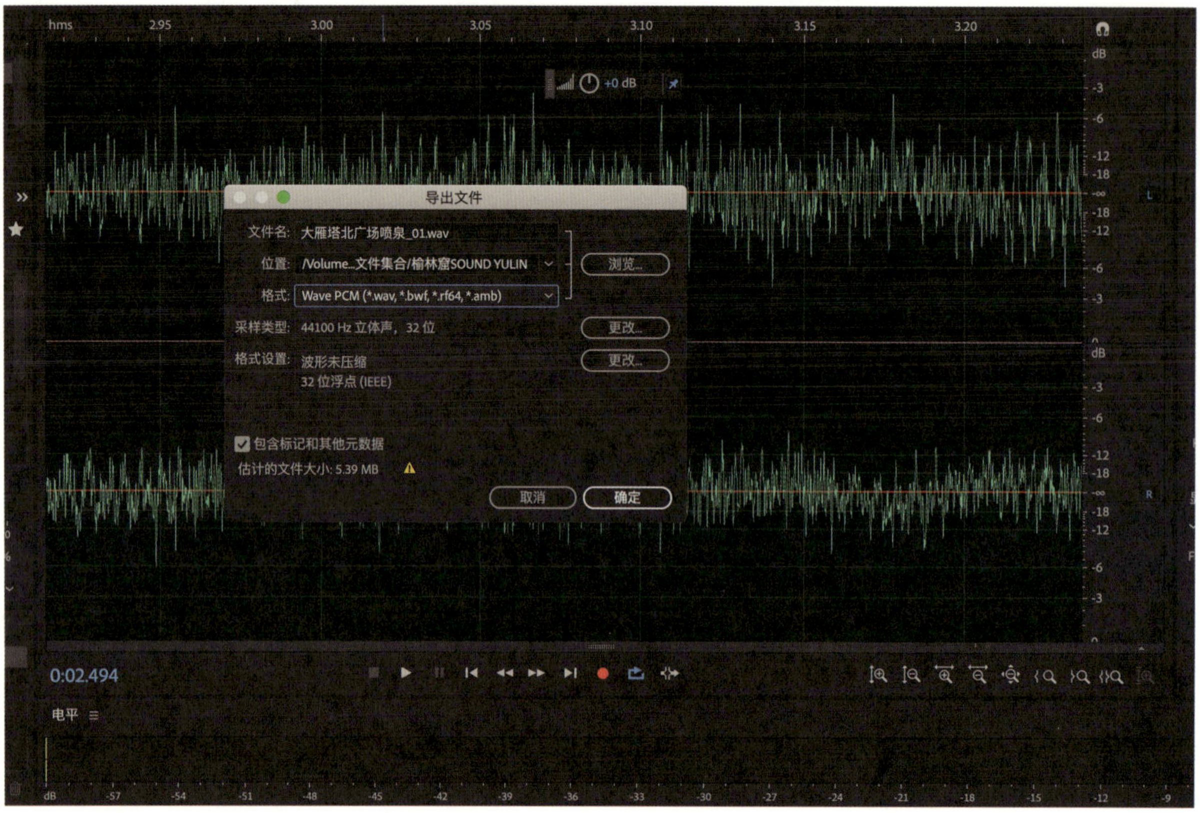

图 2-2-23　导出文件格式

特深度是指音频的分辨率，较高的比特深度可以提供更广泛的动态范围和更少的失真。然而，较高的比特深度也会增加文件的大小和处理时间。如果选择“整数”选项，超出指定比特深度范围的振幅数据将被剪裁；相反，选择“浮点”选项会占用较多的存储空间，但可以保留更大的动态范围。如果需要对文件进行多次处理并且希望丢弃最小幅度的数据，那么选择“32位浮点”选项。

（二）Monkey's Audio格式设置（.ape）

Monkey's Audio是一种无损压缩格式，这意味着它可以将音频文件压缩到较小的尺寸，而不会导致任何音频数据丢失。与有损压缩格式（如MP3）不同，无损压缩格式能够减小文件的大小，但会保留原始音频的质量，因此压缩后的文件与原始文件完全相同。

（三）MP2音频格式设置

MP2（MPEG-1音频层 II）是一种常用的有损压缩格式，尤其在无线电广播领域广受欢迎。

声道模式可根据文件的当前声道配置，在下面自动选择一个选项。

“单声道”选项：将生成一个单声道文件。

“双声道”选项：将生成具有相同音频的双声道文件。

“立体声”选项：将生成一个双声道文件，同时独立处理声道并保留立体声声像。

“联合立体声”选项将同时处理两个声道，以减小文件的大小，但通常会影响立体声声像。

比特率可实现文件大小和音频质量之间的最佳平衡。较高的比特率将增加文件的大小并提高音频质量，较低的比特率将减小文件的大小并降低音频质量。

有关“高级”选项的详细信息，可将鼠标悬停在其上方，直到显示工具提示为止。

（四）MP3 格式设置

MP3格式是一种用于在线发布的标准音频压缩格式。在使用时，可以选择“恒定”选项，这样会应用相同的比特率；也可以选择“可变”选项，根据音频内容动态调整比特率。比特率（对于恒定比特率）或质量（对于可变比特率）在文件大小和音频质量之间取得最佳平衡。较高的比特率会增加文件的大小并提高音质，而较低的比特率则会减小文件的大小并降低音质。

（五）QuickTime格式设置（仅音频*.mov）

无法调整仅音频 QuickTime 文件的格式设置，这些文件始终另存为未压缩的 PCM（脉冲编码调制）数据。

（六）波形PCM格式设置（.wav、.bwf）

波形PCM是Windows上的标准解压缩音频格式。样本类型（仅可用于32位文件）：设置音频比特深度。较高的比特深度会提供更为动态的范围并减少扭曲，尽管它们增加文件大小和处理时间。要设置常见输出类型，可参阅比特深度。

第三节 实训案例

一、音频剪辑案例

案例一：日月山

日月山地区地表保水条件良好，植被茂密，走访时间为夏天最热的时候，到日月山反而感觉空气较凉，日照强烈。风吹过茂密的草会产生十分显著的回音效果。“行走声音”采集中，被采集声音都带有走在草地上的沙沙声，只有远处公路上汽车传来的鸣笛声，说明这个区域公共空间生态较好。冬天因气候恶劣导致山体滑坡，阻塞公路，引起的堵车时有发生。此次共采集音频4条，默认格式为WAV，并且每条都有MS和XY两种，多数用MS作为剪辑对象，XY一般用作室内环境或人声采访环境，如图2-3-1所示。

在声音剪辑的过程中，首先应用比较分析法，把所有采集的音频导入Audition中，逐条听取声音片段。由于需要分析的声音是户外的山体环境，因此应用WAV格式音频进行声音频谱分析，并在原始声音前面加入“RIYUE”标题名称，作为和其他地区声音采集的区分。

对4条声音分析剪辑的过程如下。

音频RIYUESR013MS的剪辑过程：第8秒开始剪，保留日月山题头，保留后面的号角声，还有藏民的声音、牦牛的铃声。

音频RIYUESR014MS的剪辑过程：公路上的车声，去掉走路声。

音频RIYUESR015MS的剪辑过程：草原上的风声与草动的声音混杂，从30秒左右开始保留，后面的人声去掉并缩短，如图2-3-2所示。

应用Audition软件，把同一地区的音频全部导入后反复聆听，根据图谱上的波长走向来判断哪些是可以有效保留的音频，哪些是可以删除、剪切的音频。后面的内容还会涉及降噪等相关操作。

RIYUESR015MS在接近29秒时出现连续点画线且固定在同一频率的音频，如图2-3-3所示。

经过反复确认，这一点一点的图像就是草原上牦牛的铃声，经过删减无效声音、缩短音频，这条音频修改完成后重新命名为RIYUESR015MS.mp3。因为要为后期设计声音地图网站做准备，所以所有处理后的音频以地名缩写为“前缀名.MP3”的格式。有效音频长度正常范围在1分钟内，可以较好地吸引听众的注意力，所以本条音频剪辑为30秒。

案例二：直苴

如图2-3-4所示，通过声音采集器采集的声音可以分为MS音轨和XY音轨。MS音轨更适用于户外环境的声音采集，可以提供360°立体声效果，而XY音轨更适合于室内环境，提供90°的声音定位。因此，在进行声音后期处理和编辑时，可以根据输出音频的需要选择不同的模式，以达到不同的声音效果和侧重点。

图2-3-1 音频文件

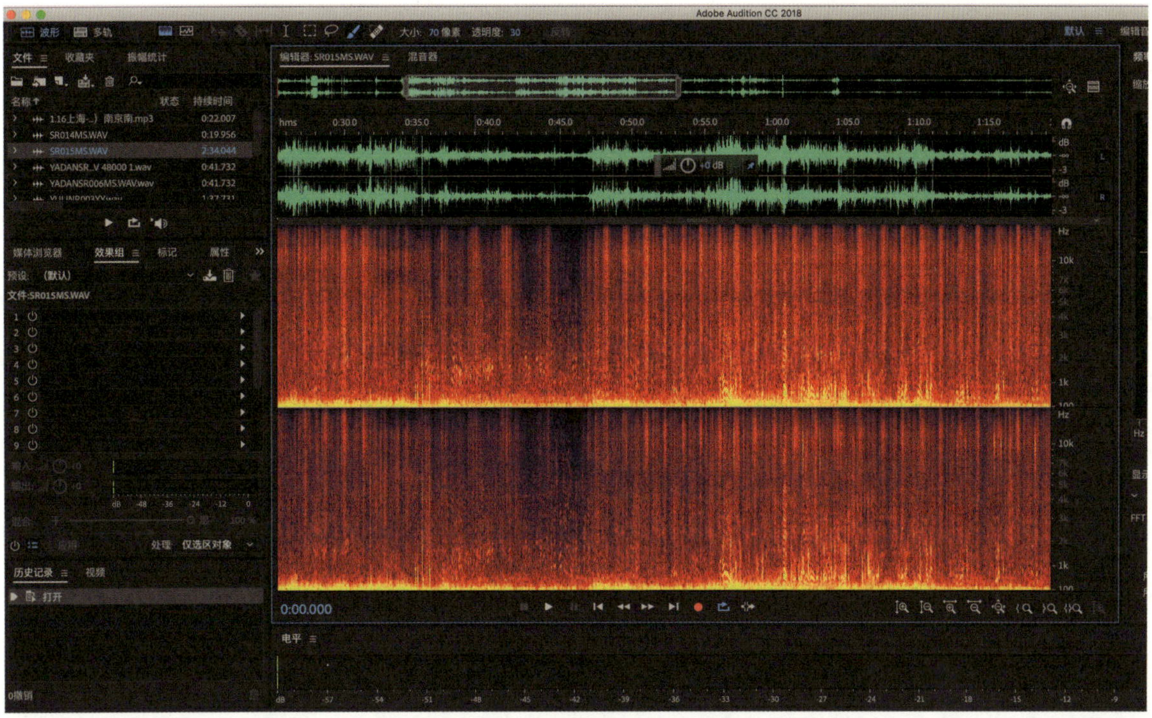

图 2-3-2　Audition 操作界面

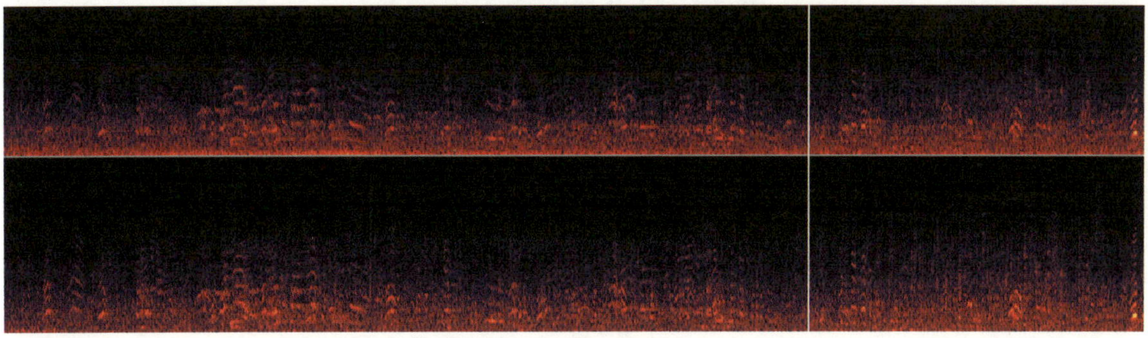

图 2-3-3　Audition 显示界面

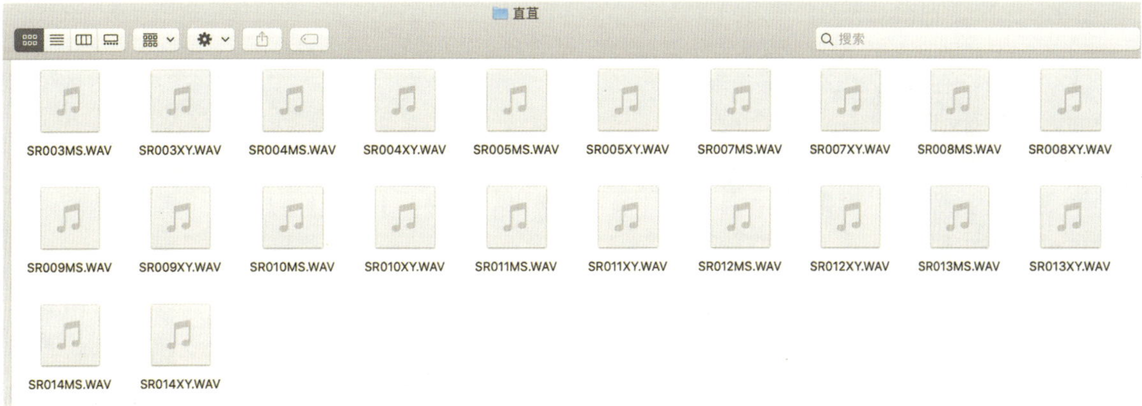

图 2-3-4　音频列表

在原始音频SR011MS中，截取了彝族老人毕摩在节目表演开始时的声音曲线。这段声音曲线提供了有关毕摩表演的声音信息，如图2-3-5所示。

在原始音频SR014MS中，有和彝族老人同样声音背景下普通话女声的音频曲线，如图2-3-6所示。

新建一个多轨文件导入两段不同的音轨，并利用切刀工具把声音截取两条近似长度，如图2-3-7和图2-3-8所示。

通过对音轨进行放大和对比分析，可以观察到以下结果：上方音轨属于一位年长的彝族男性，他的语速较为缓慢，语调起伏明显；下方音轨是一位中年的汉族女性，她的声音较为尖细，语速较快。从曲线上可以看出，下方音轨的波动较多，表示她每秒说出的字数较多。因此，可以得出结论：在声音媒体艺术研究中，应用于声音方言研究等领域的数据非常有价值。

二、音频数据分析

在Audition工作区中如果选择“高级混音”，会得到一个不仅有音频曲线而且带有声音数据分析的页面。

同样以原始音频SR014MS为例，以及右下角声音源的数据分析，可以看到一个像摊开鸡蛋一样的图形，其中心点为声音源向四周发散，如图2-3-9和图2-3-10所示。

图2-3-5　表演开始原始音频

图2-3-6　女声音频

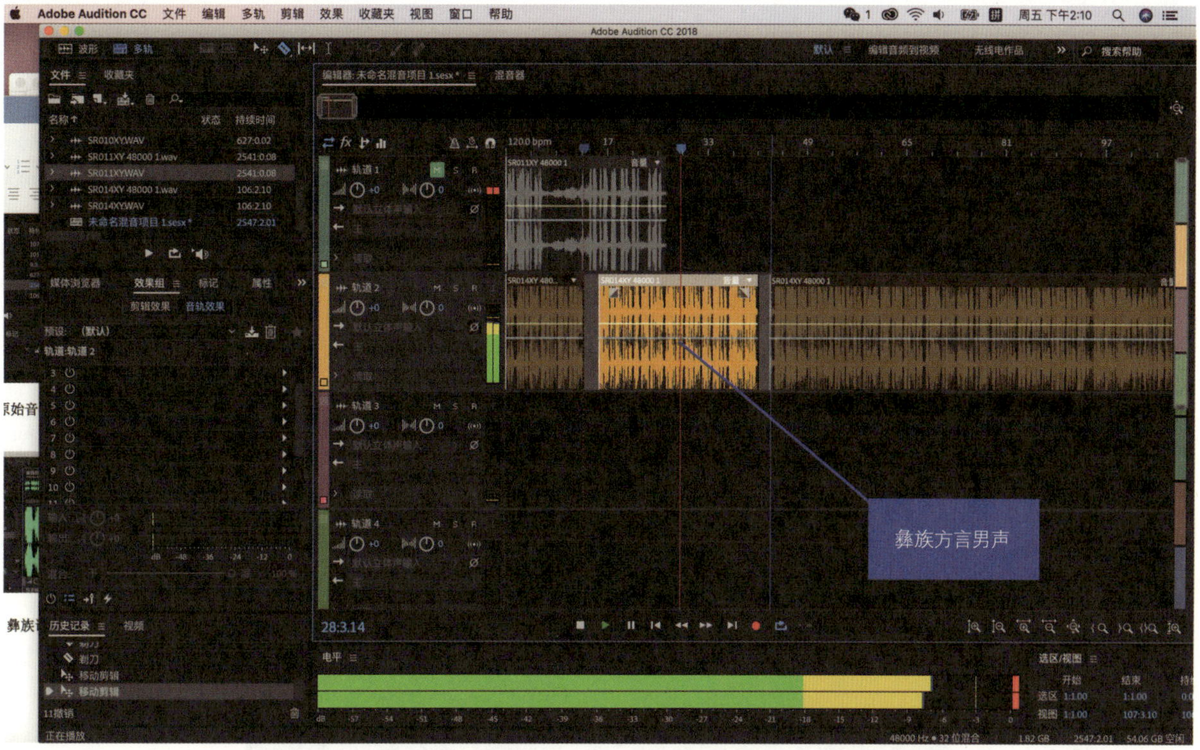

图 2-3-7　剪辑过程

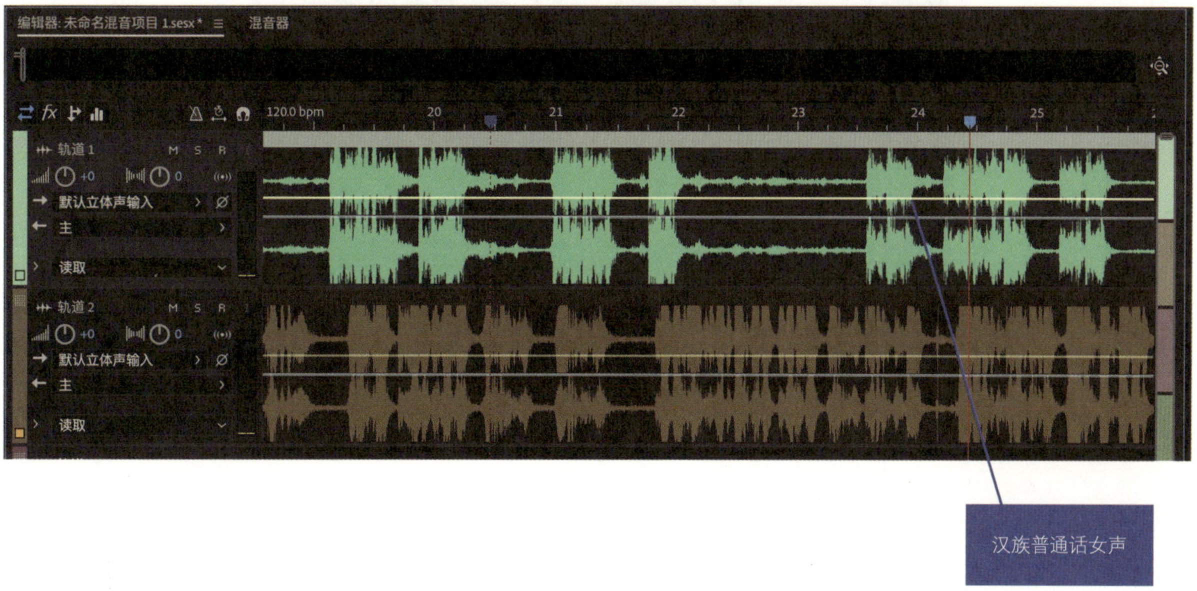

图 2-3-8　剪辑过程

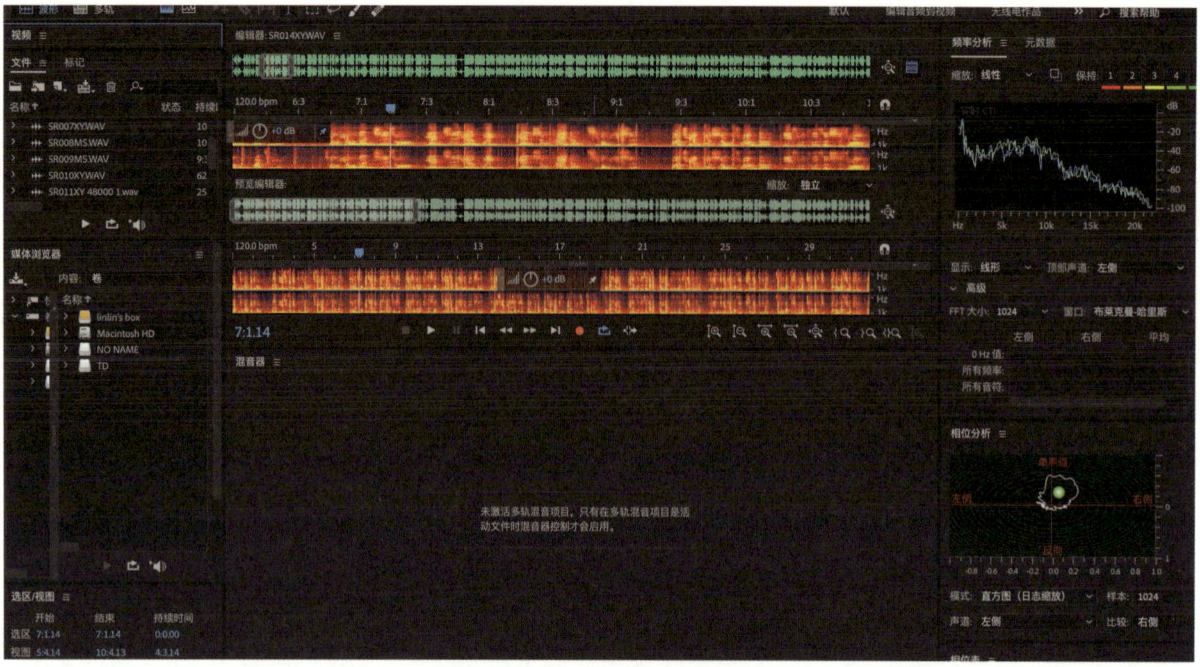

图 2-3-9　Audition 操作界面

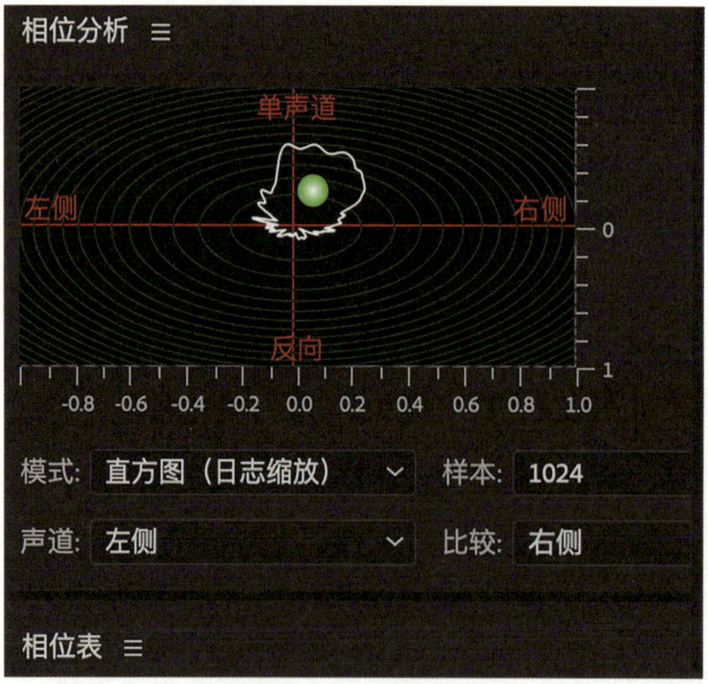

图 2-3-10　纵向观测声音相位

案例：绵竹叫卖声

以四川绵竹某市集叫卖声方言为例，对采集音频进行数据分析。

四川话的词汇主要由承自中上古时期巴蜀语的词汇、明清时期移民带来的移民语言的词汇、承自古代汉语的通俗用语三部分组成。近年来也有大量的普通话、英语等词汇进入四川话，同时诸如“雄起”“勾兑”“假打”“洗白”“冒泡儿”等四川话新词汇在成都、重庆等大城市产生，并迅速通行全川。四川话的词汇具有鲜明的地域特色，反映了巴蜀地区独特的民间文化和风俗习惯。

现在四川方言是偏普通话的四川口音，除了一些特殊的方言词汇，剩下的就是平翘舌统统为平舌，然后是三声与四声的变换，如普通话是三声，四川话就变成了四声。从图2-3-11可以看出，卖葱姜蒜和卖豆花的声音分贝最高，卖肉的声音最低。

作为四川的叫卖声，音调整体上都很高，声音的起伏也很大，如陡峭的山脊，曲线的变化明显，叫卖声中许多词句都位于60Hz~80Hz频段之间。个别比较低的音频来自环境中的风声和叫卖声的停歇阶段，如图2-3-12所示。

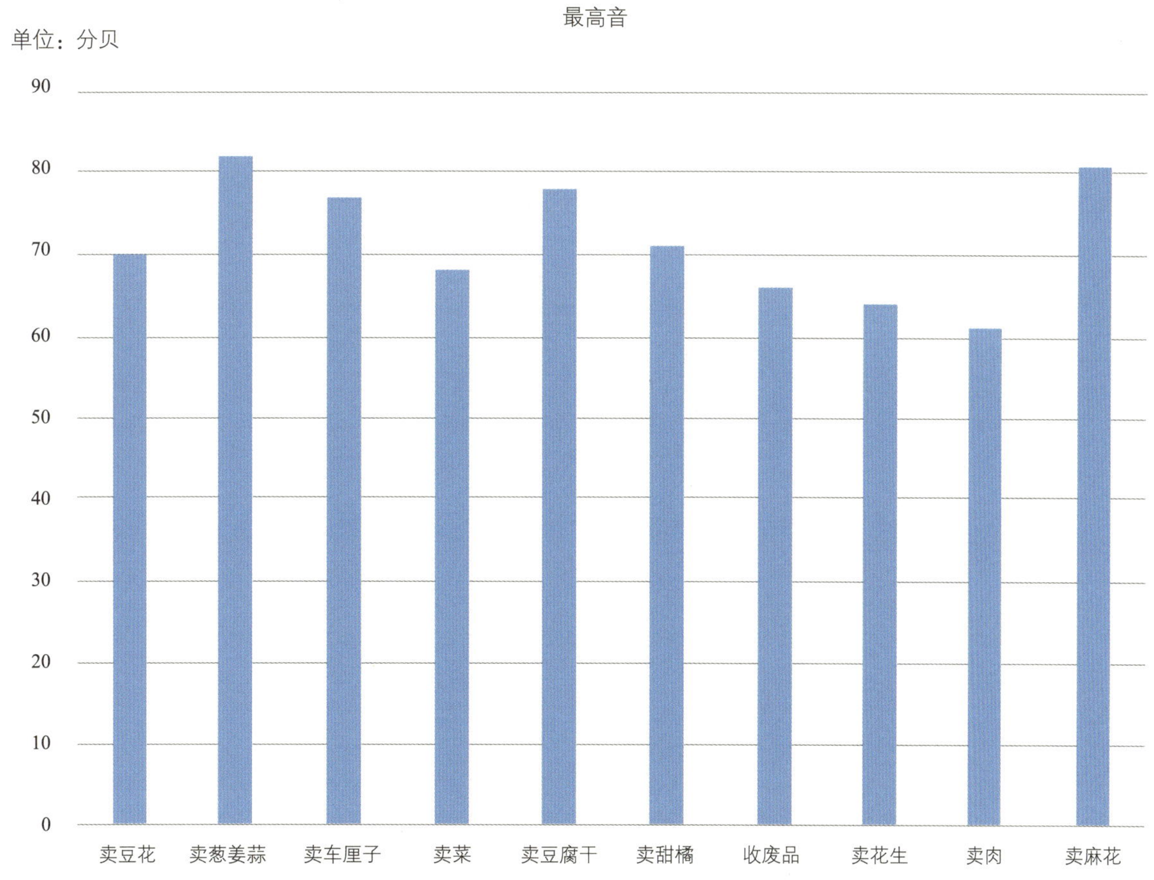

图2-3-11　声音分贝

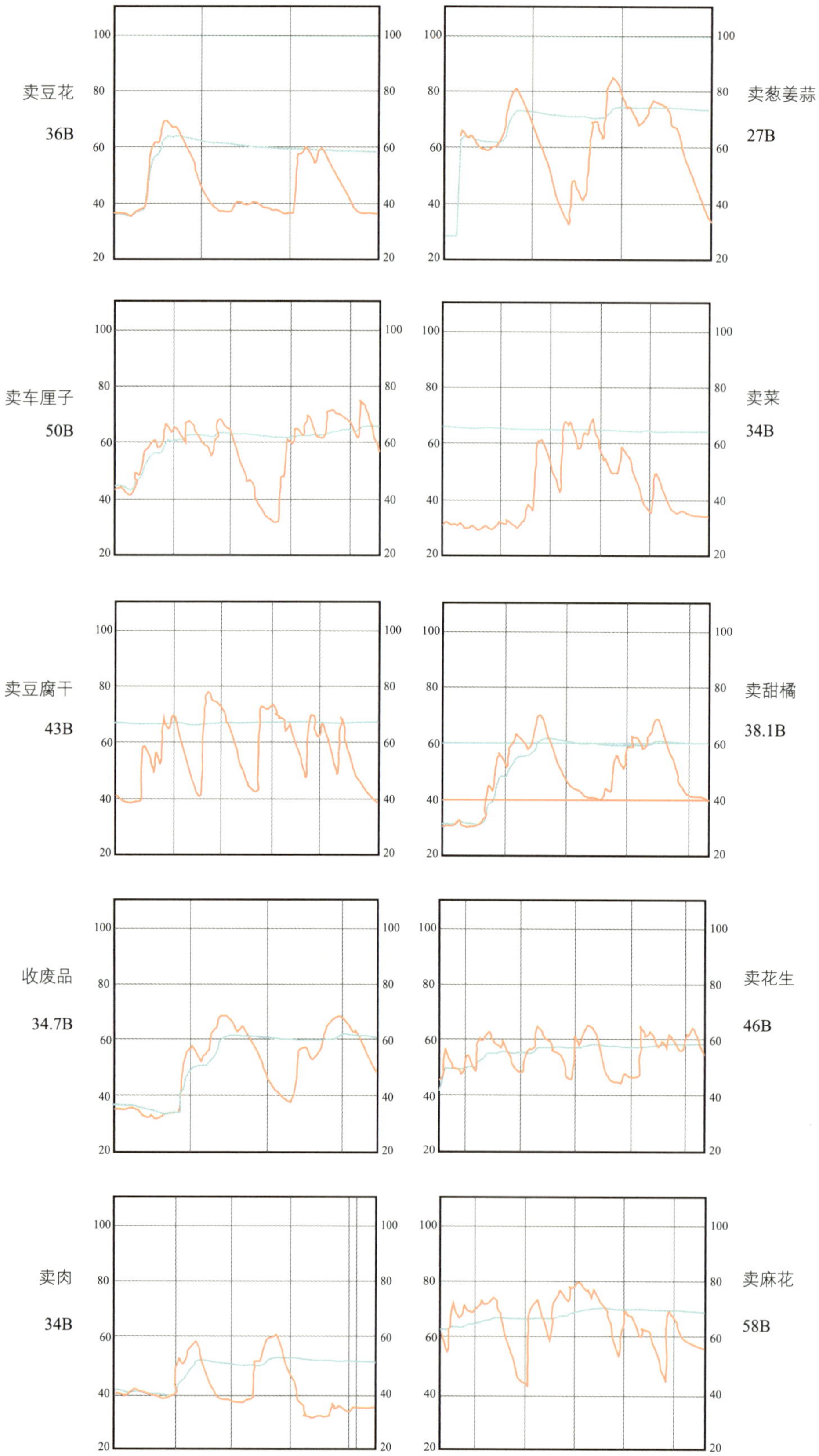
卖豆花
36B
卖葱姜蒜
27B
卖车厘子
50B
卖菜
34B
卖豆腐干
43B
卖甜橘
38.1B
收废品
34.7B
卖花生
46B
卖肉
34B
卖麻花
58B

图 2-3-12　音频对比

课后习题：

1. 模拟音频和数字音频的主要区别是（　　）。

A. 模拟音频使用电压信号表示声音，而数字音频使用0和1的形式表示声音

B. 模拟音频是连续的信号，而数字音频是离散的信号

C. 模拟音频存储在磁带或黑胶唱片中，而数字音频存储在计算机中

D. 以上所有选项都是正确的

2. 采样率是指（　　）。

A. 音频信号在每秒钟内进行的数字采样次数

B. 音频文件所包含的频率范围

C. 音频文件的大小

D. 音频信号的振幅级别

3. 以下哪个采样率可以还原最高频率为22050 Hz的声音信号？（　　）

A.11025 Hz

B. 22050 Hz

C. 32000 Hz

D. 44100 Hz

4. 比特深度在数字音频中起着什么作用？（　　）

A. 决定音频文件的大小

B. 决定音频信号的采样率

C. 决定音频信号的频率范围

D. 决定音频信号的动态范围和音质保真度

5. 在数字音频中，振幅的测量单位是（　　）。

A. 声学分贝（dB）

B. 满量程的峰值分贝数（dBFS）

C. 比特深度（Bit Depth）

D. 采样率（Sample Rate）

实践作业：

选择一个主题或话题，如朗读一篇文章、讲解一个概念或演唱一首歌曲，使用Audition软件录制自己的声音，在多轨视图中导入背景音乐并进行混音，应用音效以改善音频的音质和效果，最后导出编辑和混音后的音频文件。

第三章　声音的音效处理和编辑

第三章　声音的音效处理和编辑

本章概述

本章深入研究音频的高级编辑技术，着重介绍音频初级编辑、施加音效效果以及Audition变调器的应用。讨论多轨会话的操作，为学生提供更加灵活的编辑方式，使其能够更有效地处理音频材料。同时详细阐述施加音效的基本应用，并深入探讨降噪处理和动态处理的技术要点。通过对效果组的深刻理解，学生将能够更加灵活地运用各种音频效果，从而提升音频编辑的专业水平。通过本章的学习，学生将在数字音效的处理和编辑方面积累更为丰富和专业的知识。

学习目标

专注学习Audition变调器的核心功能，涵盖变调器、伸缩与变调、均衡器以及参数均衡器的应用方法。通过实训案例，将理论知识灵活应用到实践操作中，从而提高声音编辑技能。实践操作有助于加深对本章内容的理解。通过实训案例和课后习题的完成，巩固学习成果，强化Audition软件实践应用知识点，确保学习效果的持久性。

第一节　音频初级编辑

在Audition的多轨编辑器中，每个录音的剪辑都会被自动保存为WAV文件。直接将录音的剪辑保存为文件，这样可以快速进行录制和保存操作，从而提供极大的灵活性。多轨文件以非破坏性的编辑视图呈现，这意味着在音频剪辑的过程中，任何修剪、编辑不会永久保存到单个音频文件中，而是在多轨会话中进行编辑。

Audition会将有关源文件和混音设置的信息保存在会话（.sesx）文件中。会话文件相对较小，因为它们只包含源文件的路径名和混音参数的引用，如音量、音像和音效等。为了方便管理工作阶段的档案，可以将这些音频和源文件放在单独的文件夹中。

一、创建多轨会话

执行“文件”→“新建”→“多轨对话”命令可以新建一个项目。当新建一个项目后，需要在项目中设置采样率。

二、插入或录制音频文件

执行“文件”→“导入”命令，选择需要导入的音频，如图3-1-1所示。

将文件移动至编辑面板，如图3-1-2所示。

与主编辑面板相比，混音器提供了另一种方式，可以同时浏览和控制多个轨道的会话，但无法

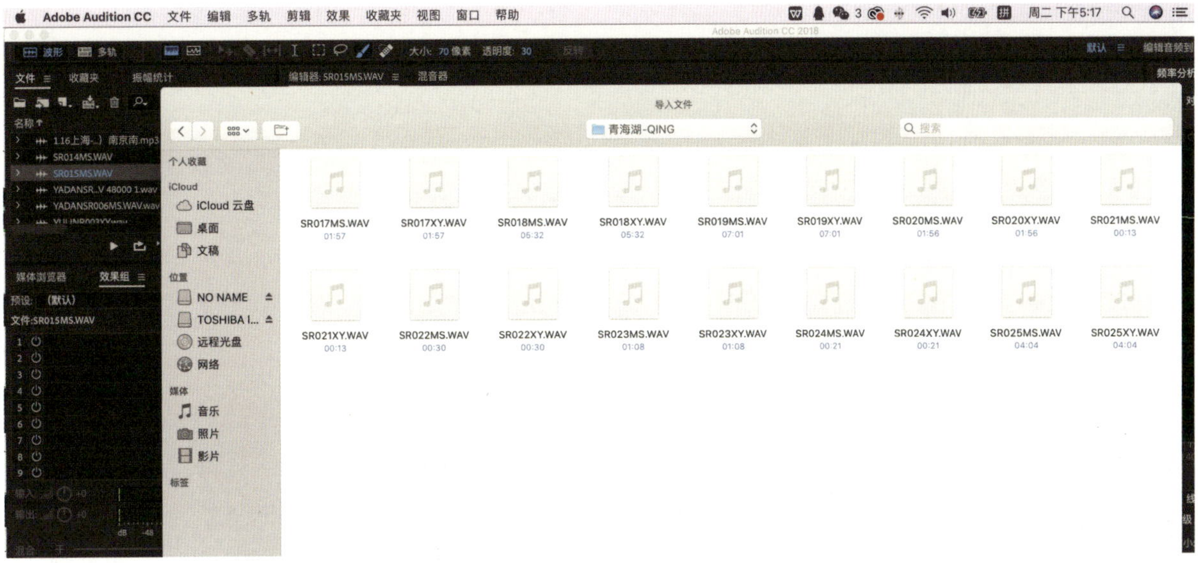

图 3-1-1 导入音频文件

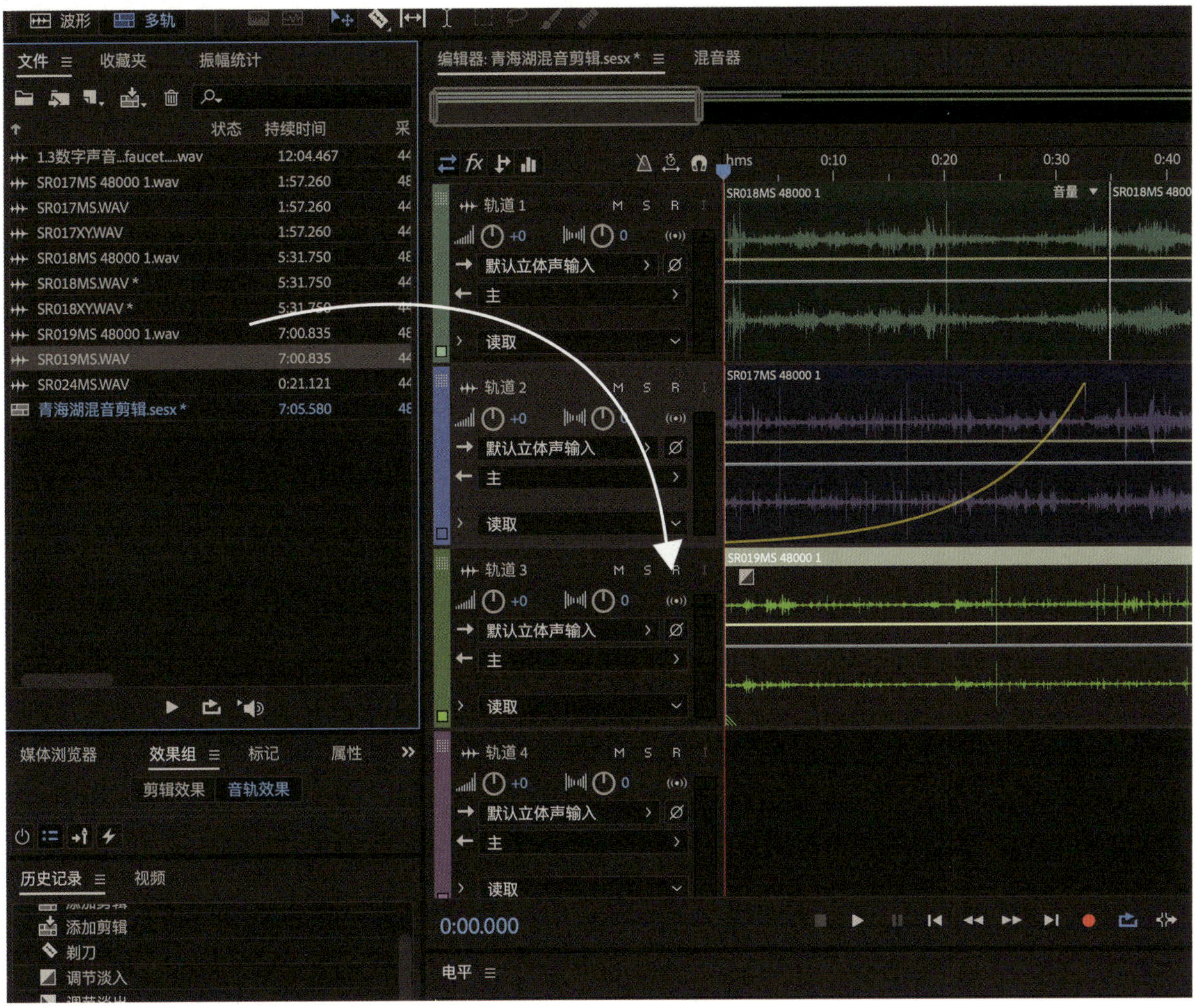

图 3-1-2 Audition 操作界面

单独处理音频素材。通常情况下，混音器通过外部设备进行操作，类似于软件中的调音台，如图3-1-3所示。

三、编辑素材

在主控板中，可以按照时间线的顺序安排素材。在多轨视图下，编辑的操作是临时的，通过双击素材片段可以切换到编辑视图，对素材进行具体的编辑，如图3-1-4所示。

工具栏中的剪切工具可以单独隔离出需要编辑的部分，如图3-1-5所示。

在音频的左上角或右上角，拖动淡入或淡出曲线的控制点，可以实现淡入或淡出的效果，如图

图 3-1-3 Audition 混音器

3-1-6至图3-1-8所示。

线性淡化：完全水平拖动，产生均衡音量变化，如图3-1-9所示。

余弦淡出：一种类似于S曲线形状的声音效果，开始时以缓慢的速度逐渐减小音量，然后在大部分淡出过程中迅速地变化，最后再次逐渐减小音量，使过渡更加平滑，如图3-1-10所示。

交叉淡化重叠剪辑：当在同一轨道上进行重叠剪辑时，可以使用交叉淡化来确定过渡的持续时间（通过调整重叠区域的大小，过渡时间可以变长或缩短）。

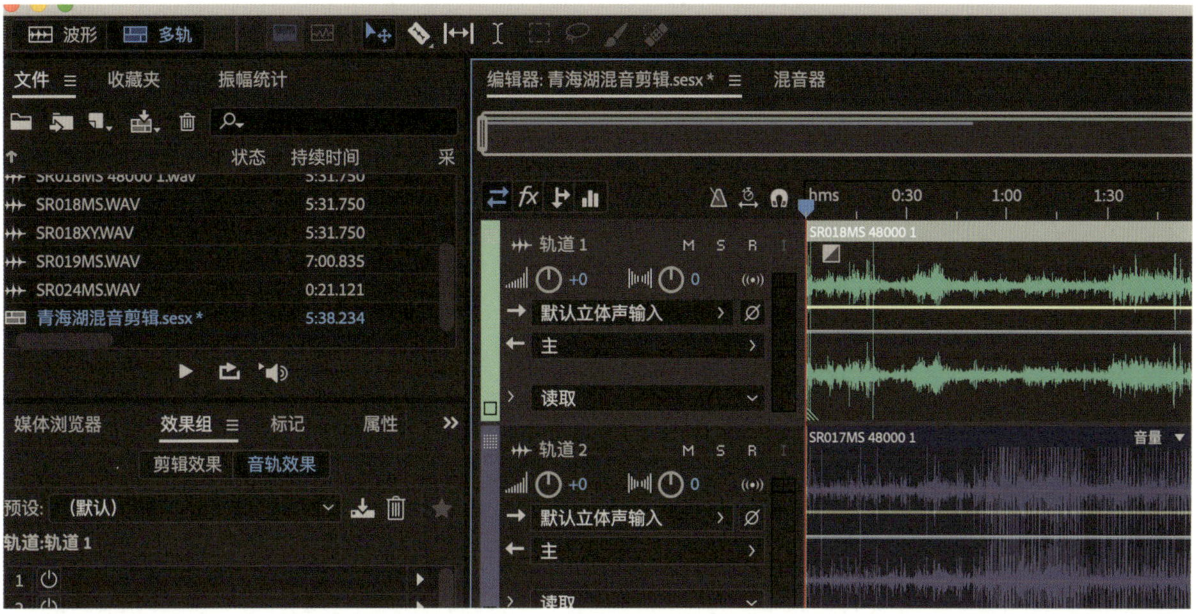

图 3-1-4　多轨模式下编辑音频

图 3-1-5　多轨模式下的剪切工具

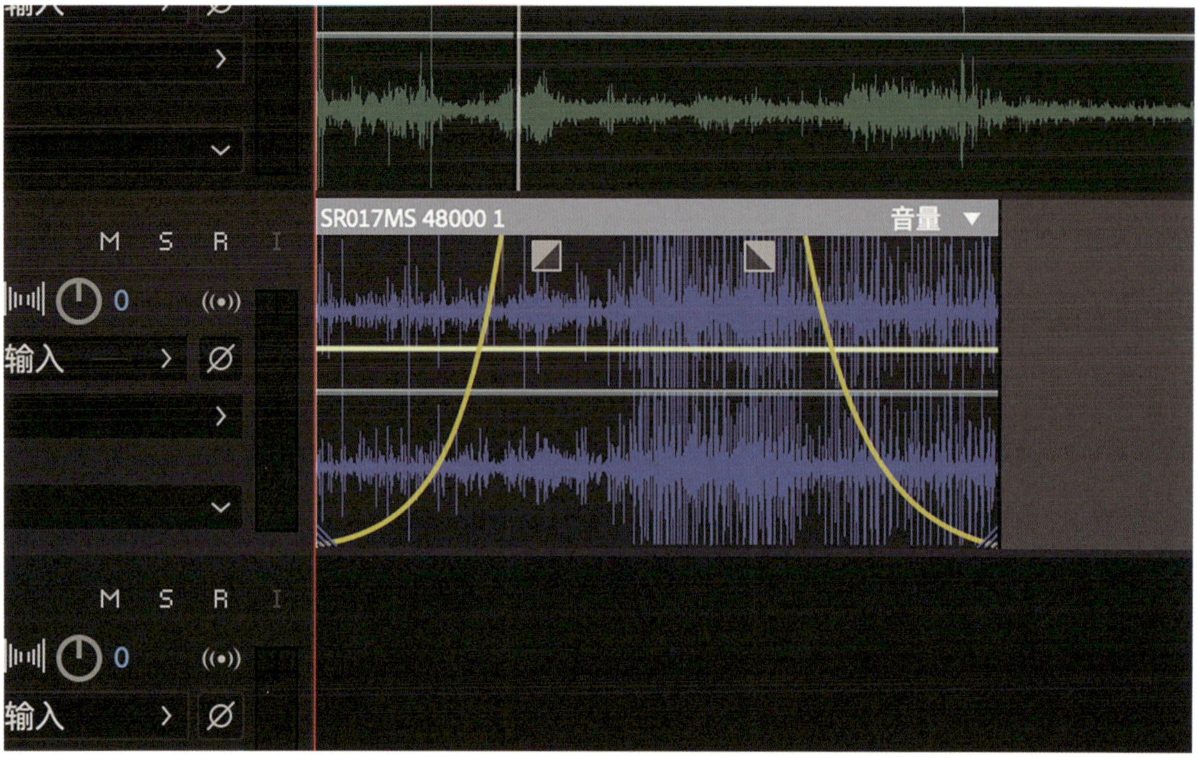

图 3-1-6　音频编辑

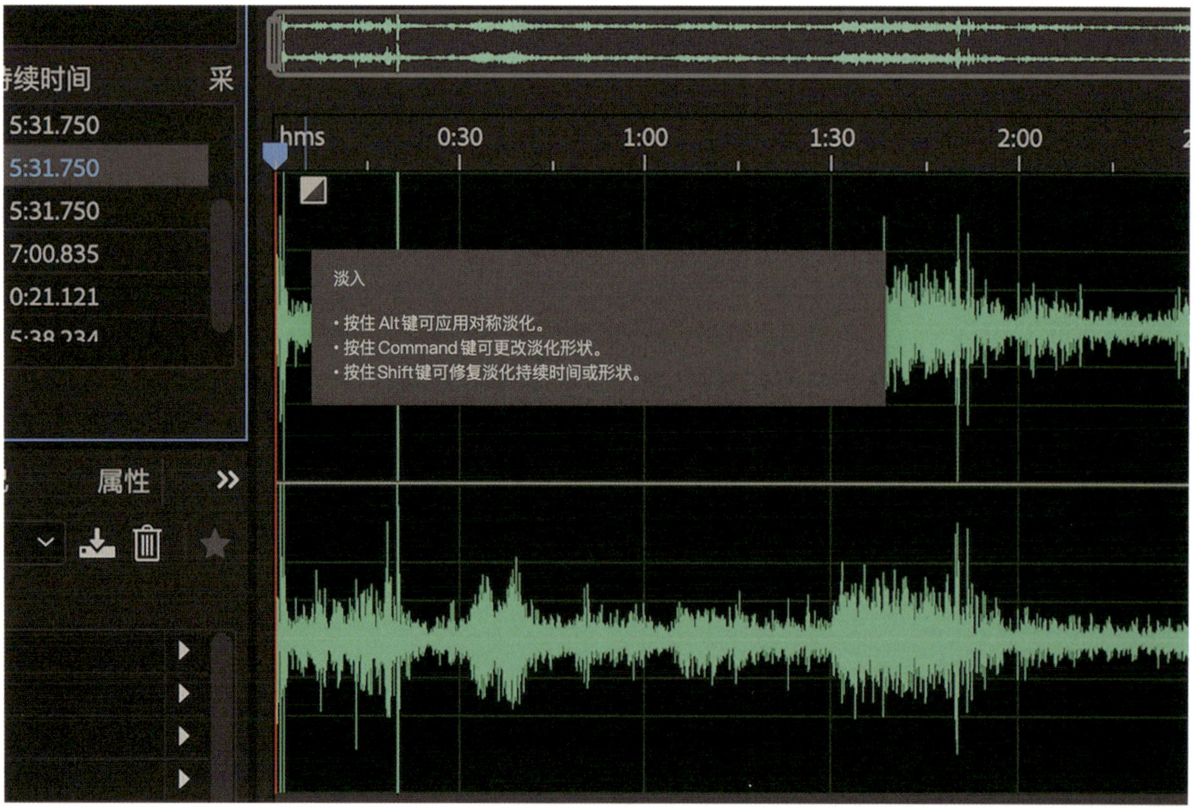

图 3-1-7　淡入

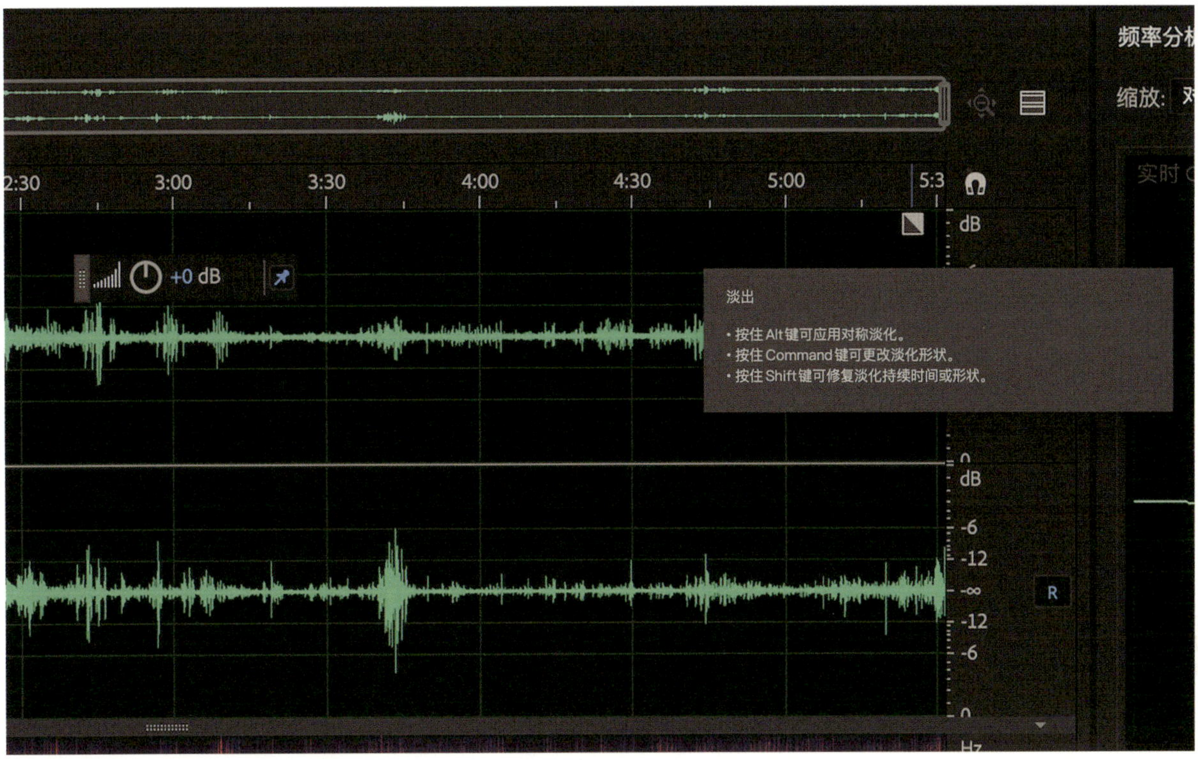

图 3-1-8　淡出

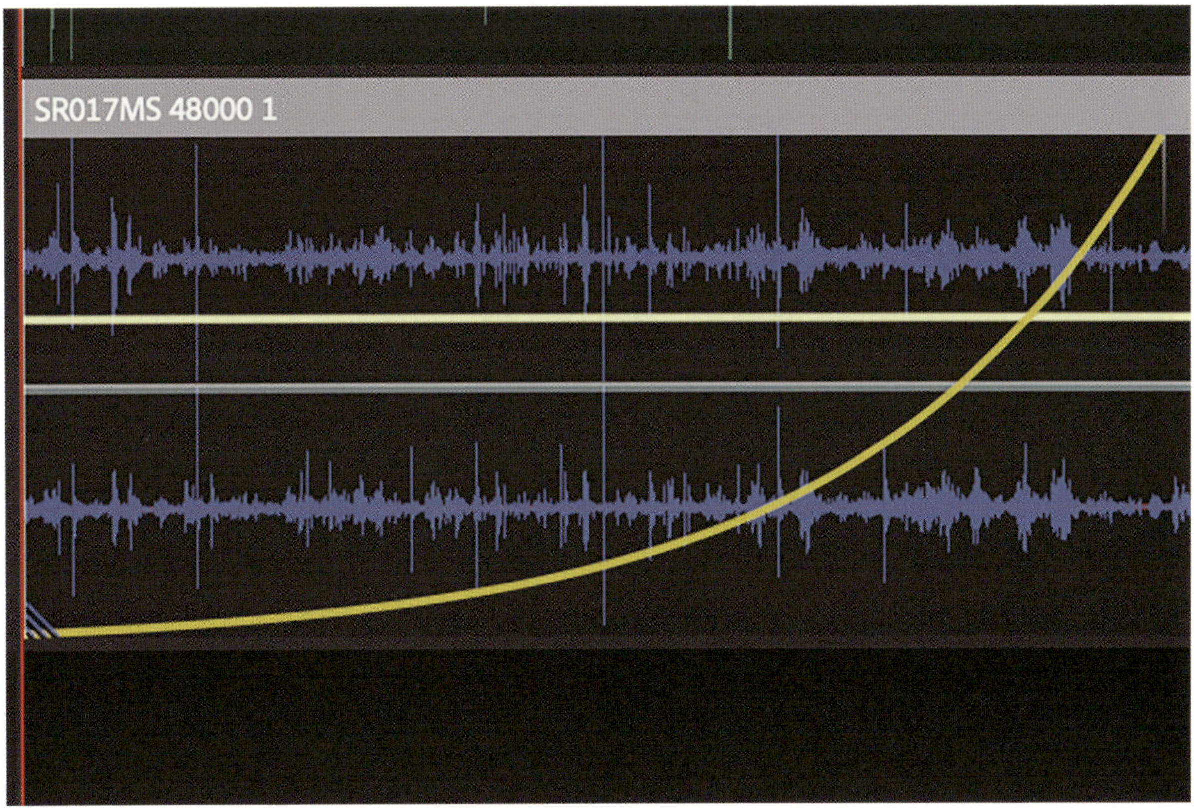

图 3-1-9　线性淡化

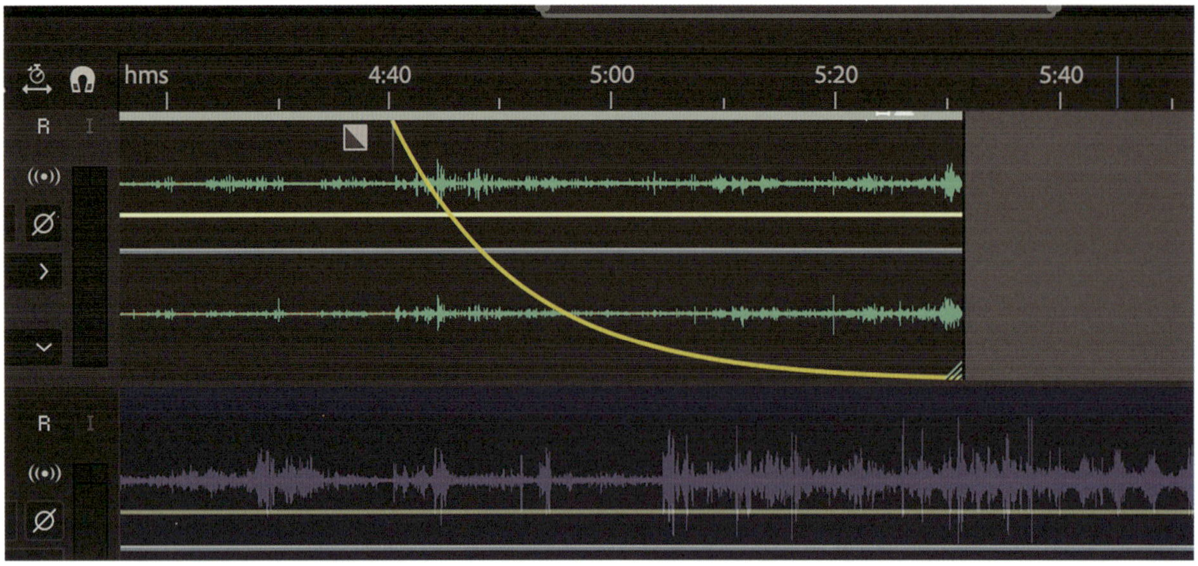

图 3-1-10　余弦淡出

如图3-1-11所示，将两个剪辑放在相同的轨道上，并调整它们的位置以实现重叠。在重叠区域的顶部，通过拖动淡入/淡出曲线的控制点，进行调整。

对称或非对称（仅交叉淡化）：确定在上下拖动左右淡出曲线时它们交互的方式。对称方式会使两个淡出曲线以相等的方式进行调整，而非对称

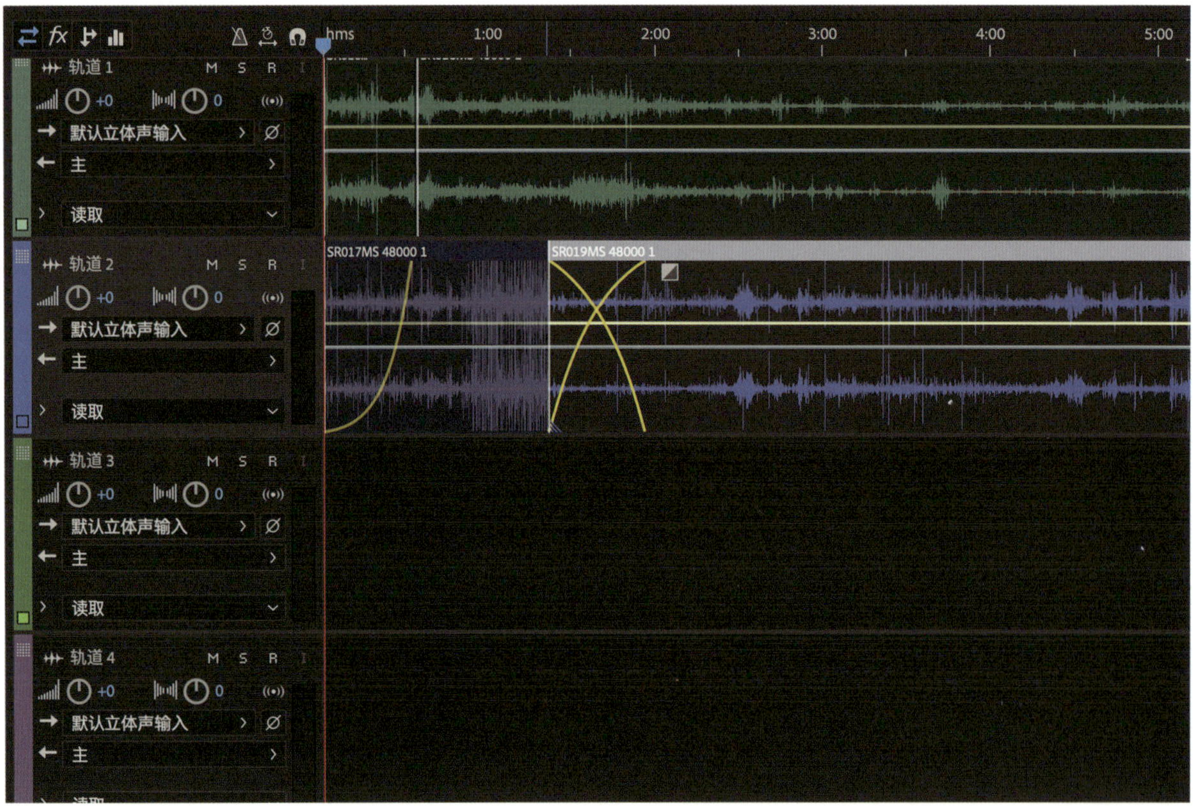

图 3-1-11　交叉淡化重叠剪辑

方式则允许对它们进行独立的调整，如图3-1-12、图3-1-13所示。

已启用自动淡化：已启用自动淡化来处理重叠的剪辑。如果不需要此功能，或者它可能干扰其他任务（如修整剪辑），可取消此选项，如图3-1-14所示。

在多轨会话中，当需要删除音频时，通常会使用波形编辑器进行操作。通过波形编辑器完成删除后，系统会自动填补删除部分的间隙，如图3-1-15所示。

四、导出混合文件

将编辑完成的音频文件选中，菜单栏中执行“文件”→“导出”→“多轨混音命令”，选择音频储存位置以及文件格式，如图3-1-16、图3-1-17所示。导出格式可以根据音频需求选择不同类型。

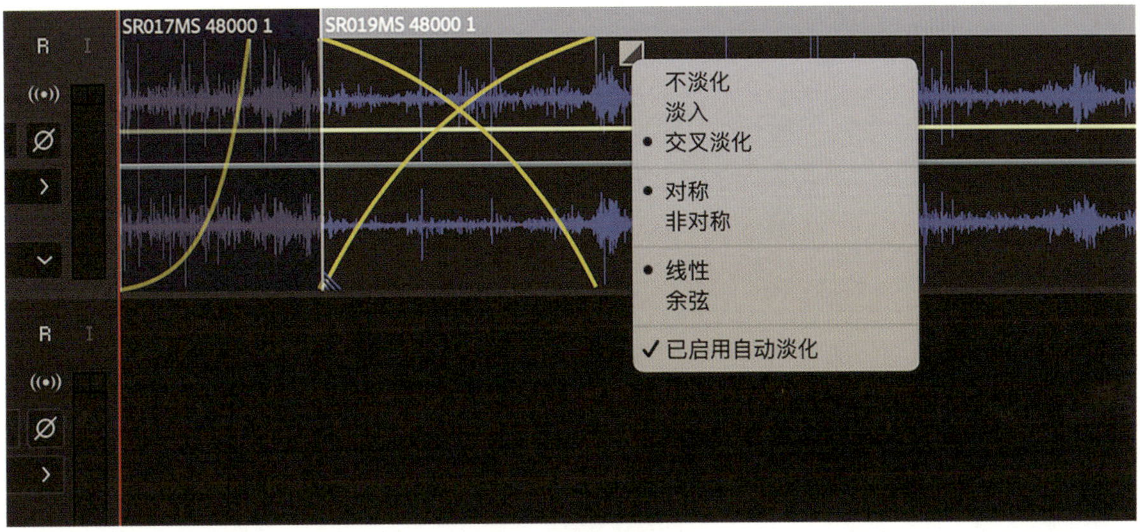

图3-1-12　对称交叉淡化

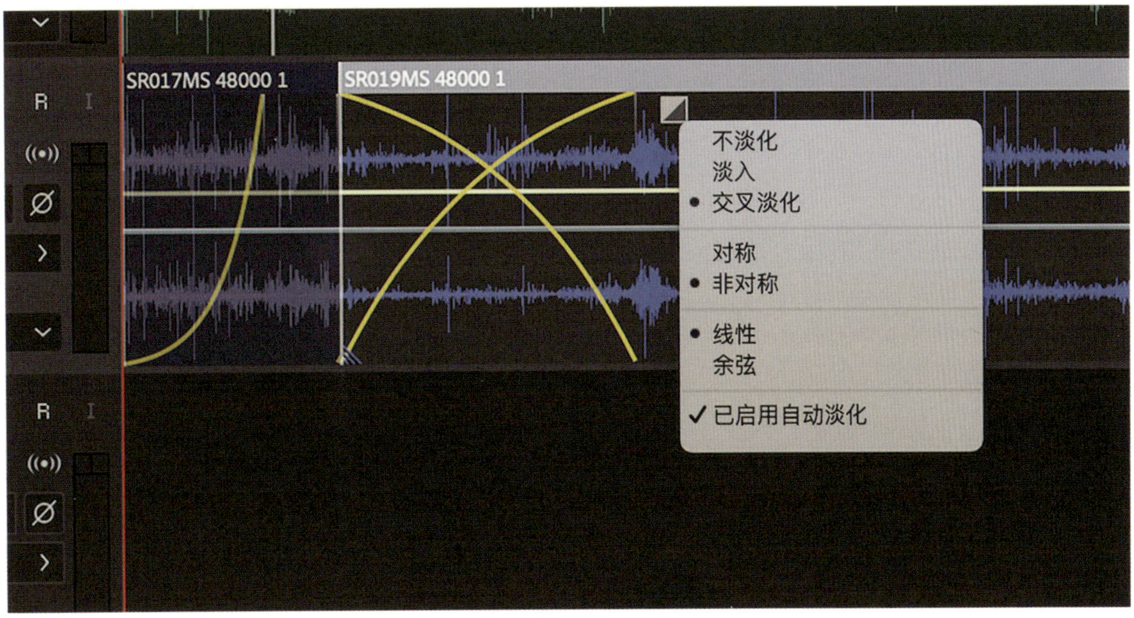

图3-1-13　非对称交叉淡化

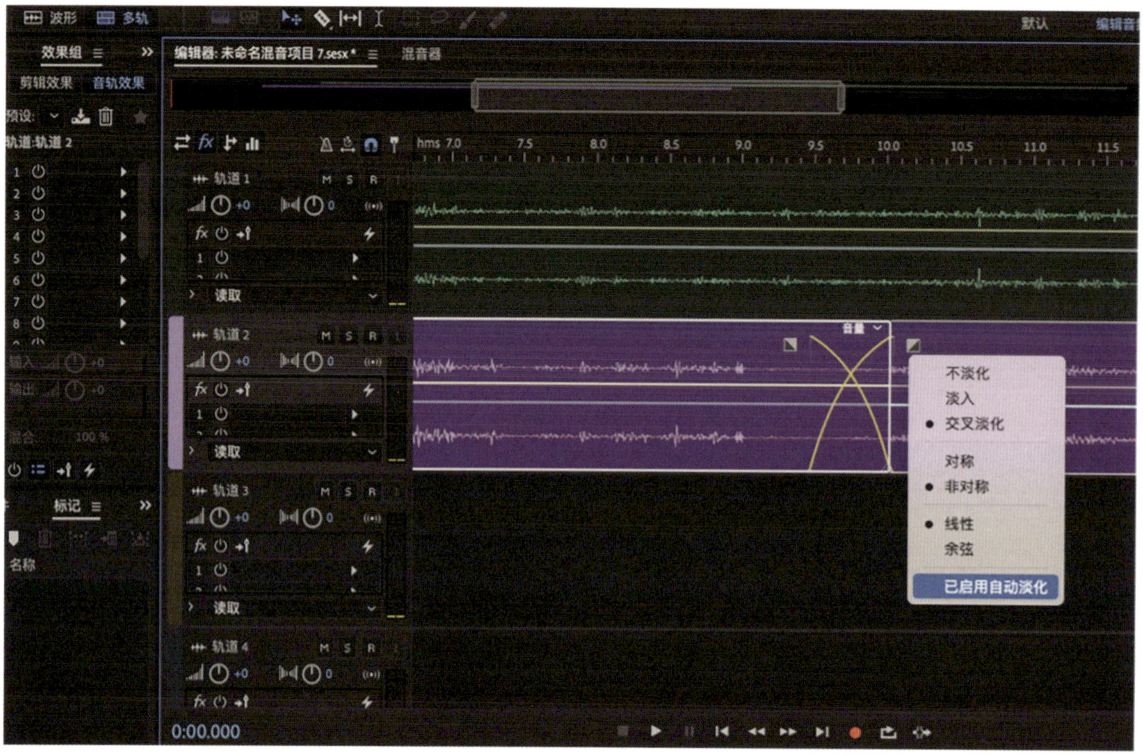

图 3-1-14　已启用自动淡化

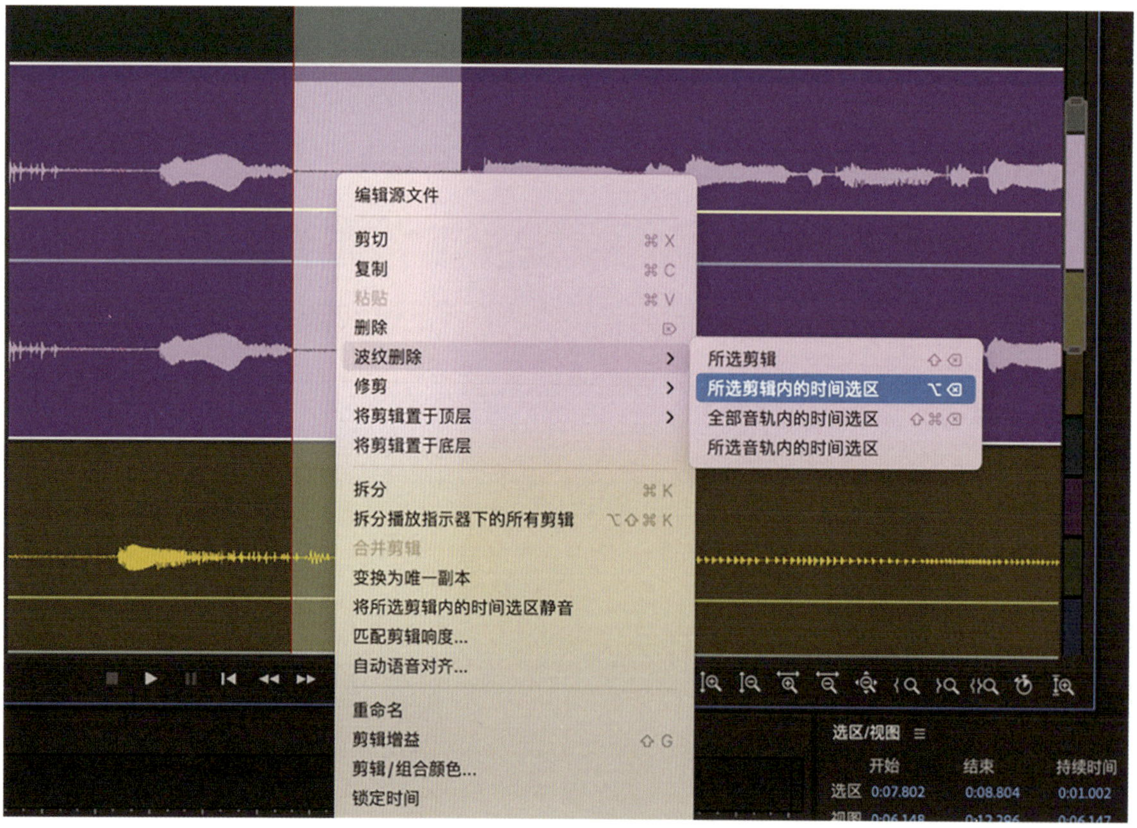

图 3-1-15　波纹删除

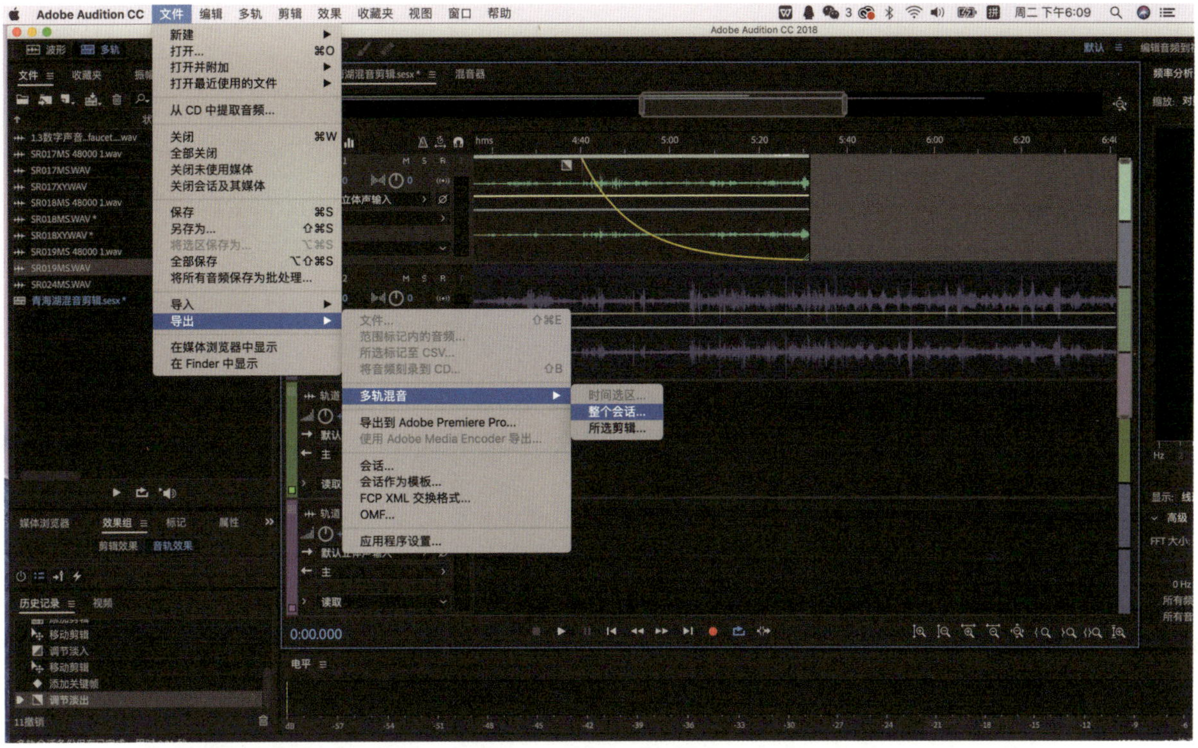

图 3-1-16　导出整个文件

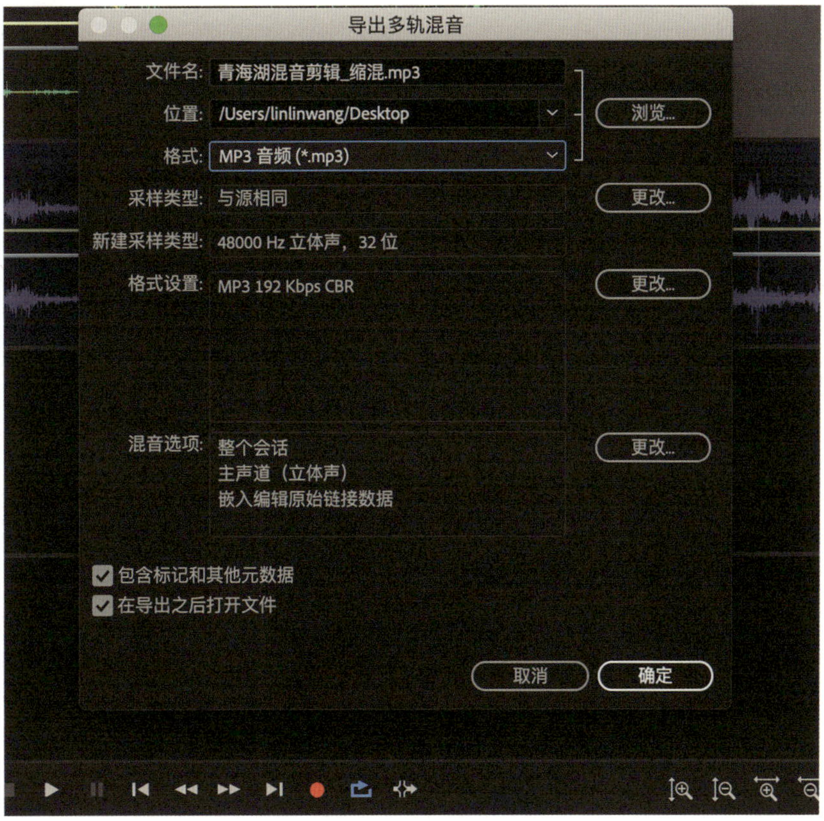

图 3-1-17　文件导出界面

第二节　常用的音频效果

在进行音频处理的过程中添加音效是一个重要的环节，可以在多轨视图中将它们应用于音频文件，为音频添加不同的声音效果。

一、效果组的基本应用

在效果组中，可以插入、修改和重新排列多种效果，并且能够将预设效果保存到这些效果组中。大部分组控件会在波形编辑器和多轨编辑器中显示出来，如图3-2-1所示。

选择预设效果后右击，在弹出的快捷菜单中选择“编辑效果”选项，可以对效果进行调整，如图3-2-2所示。

一些效果可以使用图表来调整参数。通过在图表上添加和移动控制点，可以精确地控制所需的效果。这些控制点与相关的滑块是相互关联的，移动滑块将同时改变图表的形状，如图3-2-3、图3-2-4所示。

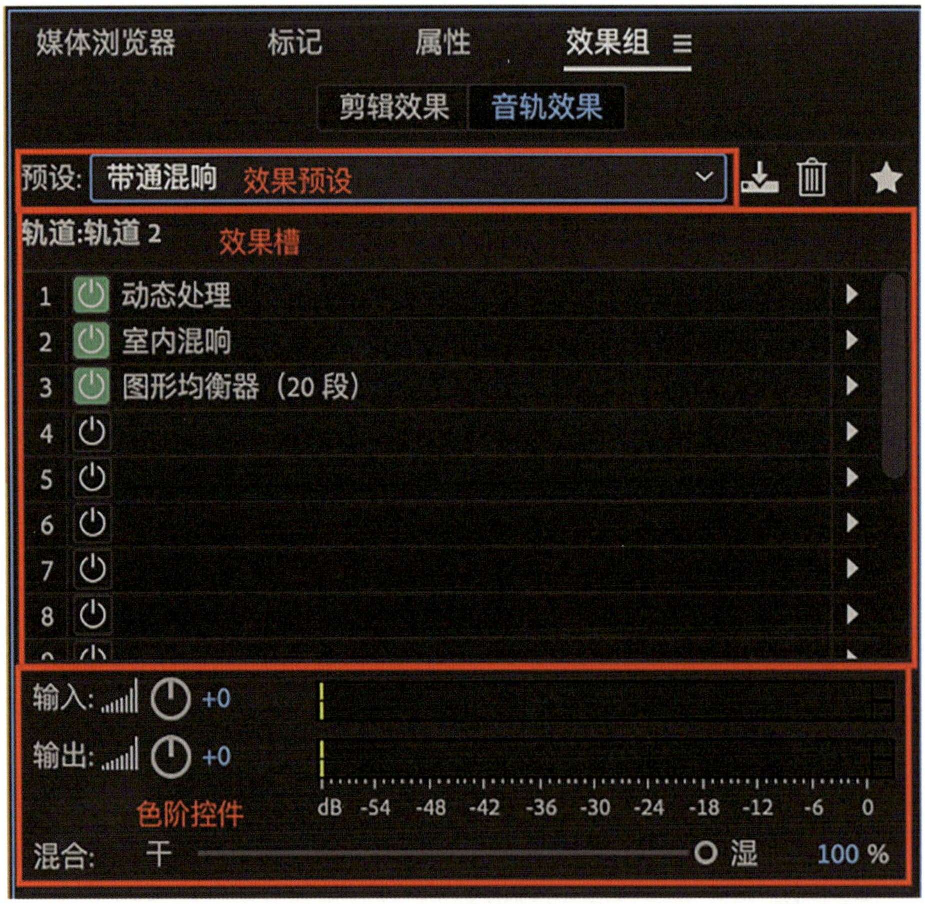

图 3-2-1　效果组

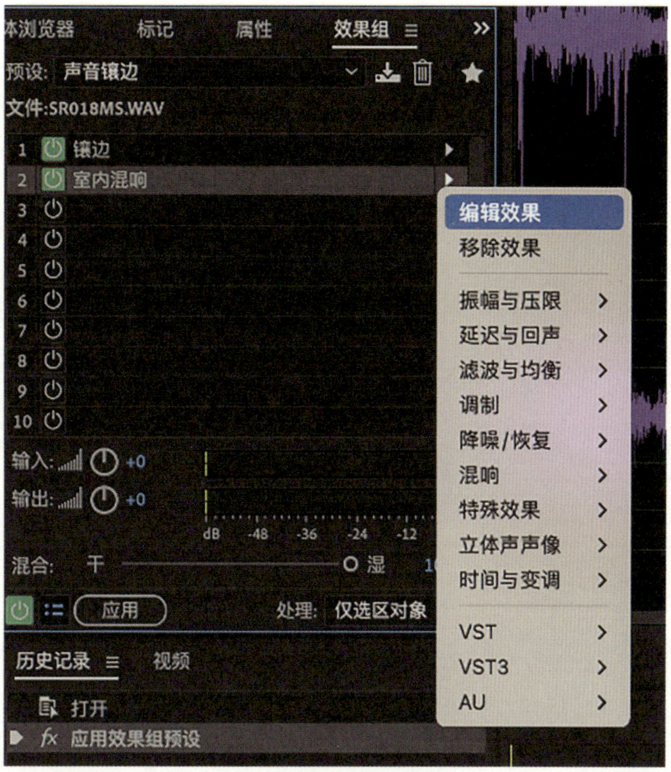

图 3-2-2　音频效果编辑

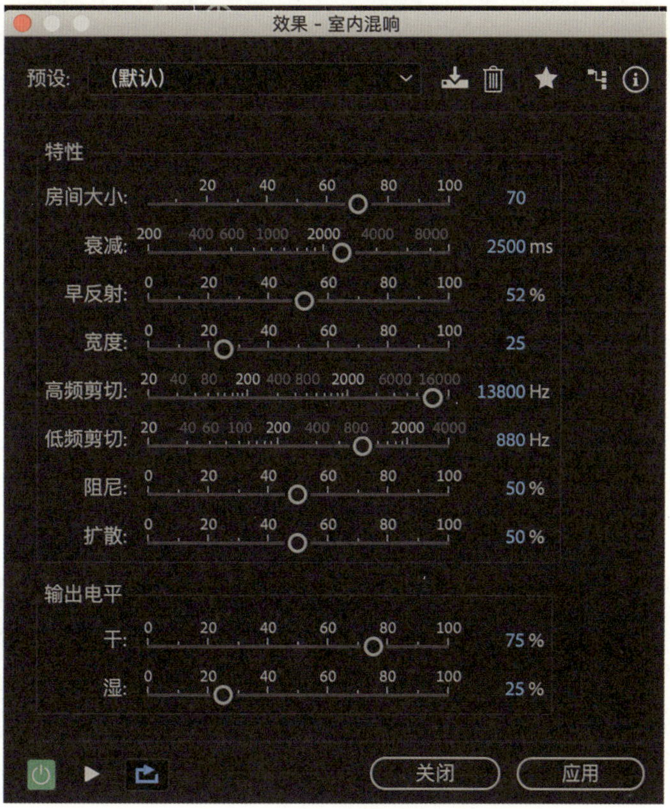

图 3-2-3　参数调整 1

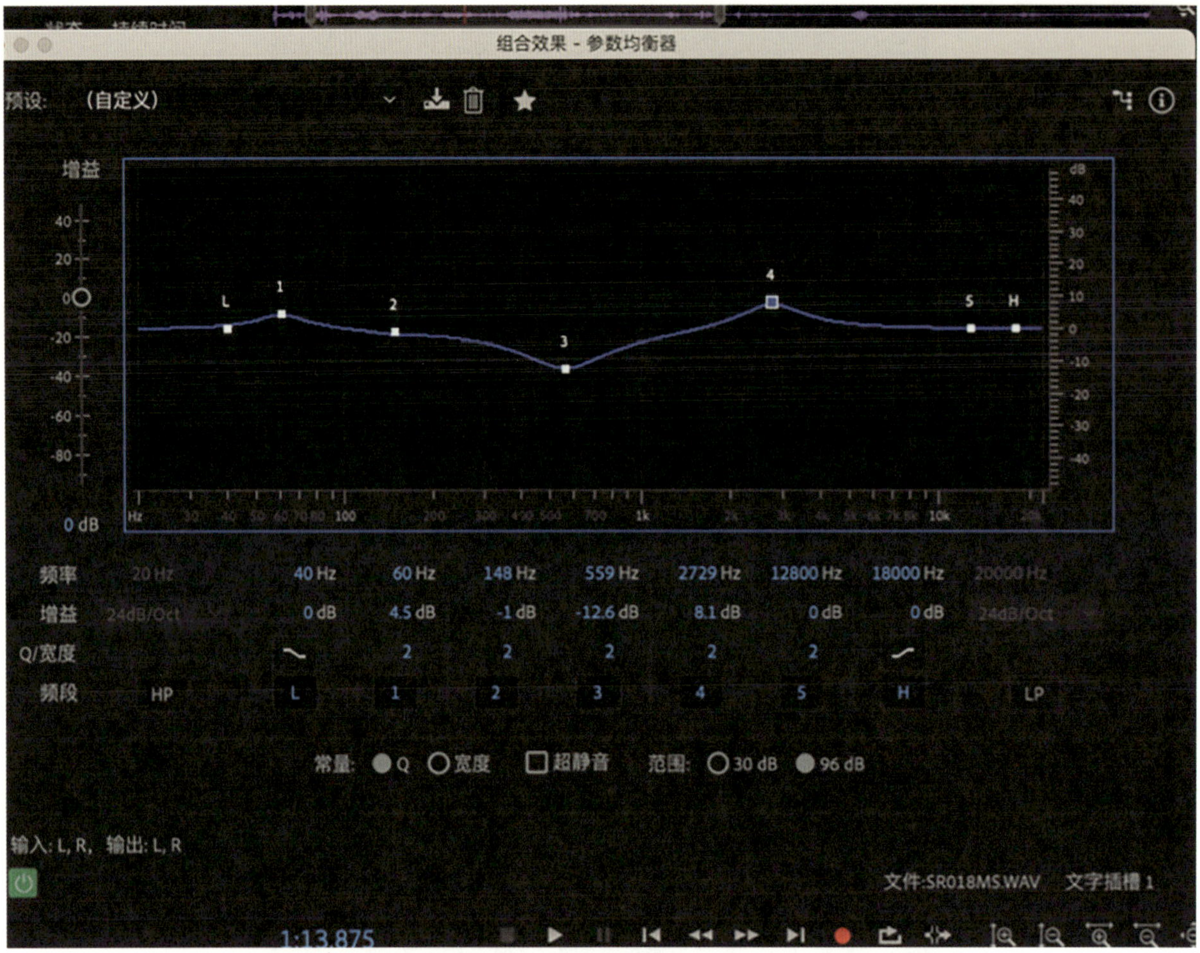

图 3-2-4　参数调整 2

在效果组中，选择预设效果后，可保存该预设效果，如图3-2-5所示。如果不满意预设效果也可将其删除。

（一）波形编辑器中的特有控件

在波形编辑器的效果组中，可以找到一个名为“处理”的菜单选项，如图3-2-6所示。在该菜单选项中存在一个“应用”按钮，它的功能是将所选特效永久性地应用到音频上。

（二）多轨编辑器中的特有控件

在多轨编辑器中，效果组将提供一系列剪辑效果，如图3-2-7所示。这些剪辑效果适用于用户所选择的特定文件；而音轨效果则是应用于整个音

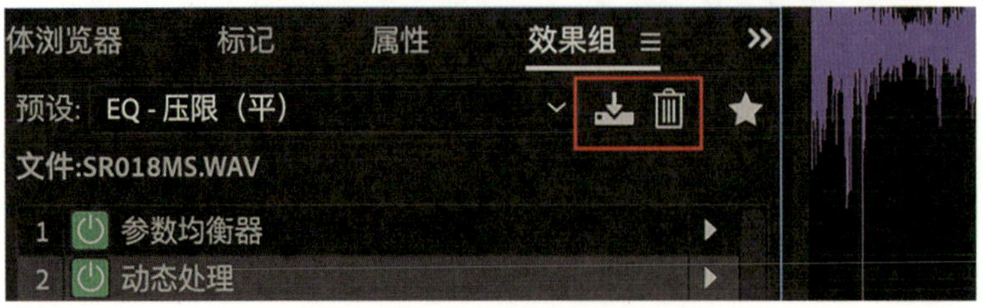

图 3-2-5　保存或删除预设效果

图 3-2-6　波形编辑器中的效果组

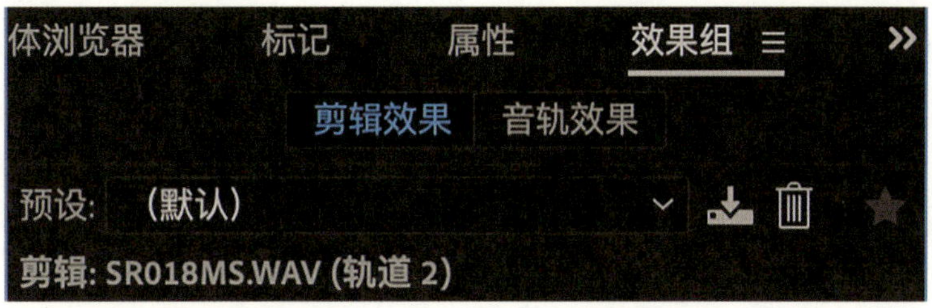

图 3-2-7　多轨编辑器中的效果组

图 3-2-8　多轨编辑器中的效果工具

轨文件，而不只是选择的特定文件。

在多轨编辑器中存在一组效果工具，这些工具可以用来增强和调整效果，如图3-2-8所示。其中包括“预渲染轨道”和“FX前置/后置衰减器”按钮，它们有助于优化和处理效果。每个剪辑和轨道都具有自己的效果组，这些效果组将与会话一同保存，确保效果的一致性和持久性。

二、降噪处理

在音频录制完成后，由于硬件设备和环境的限制，可能会出现噪声，为了解决这个问题，需要进行音频降噪处理。

（一）自适应降噪

相比于传统的固定降噪效果，自适应降噪能够自动调整、快速消除各种宽频噪声，如背景噪声、轰鸣声和风声等。然而，自适应降噪可能会在去除噪声的同时损失一些非噪声部分的信息，因此，在处理音频时需要权衡降噪效果与保留音频原始内容的平衡，如图3-2-9、图3-2-10所示。

（二）降噪效果（仅限波形编辑器）

在噪声区域，选择“降噪（处理）”选项以实现音效改善，如图3-2-11所示。

在降噪面板中，可以选择“噪声采样”来获取噪声样本。通过生成相应的图表来调整降噪参数。注意，降噪参数不宜设置过高。绿色区域代表清晰的人声，而红黄区域表示噪声的存在，如图3-2-12所示。

三、动态处理

动态处理是一种音频效果器，其功能类似于Photoshop中的RGB曲线调节，可以对声音的不同音量部分进行个别的声强增强或压缩。例如它可以消除声音中−20dB到−40dB范围内的音频，如图3-2-13、图3-2-14所示。

调音的时候在蓝线上单击一下，然后拖动就可以定义音量大小了，如图3-2-15所示。

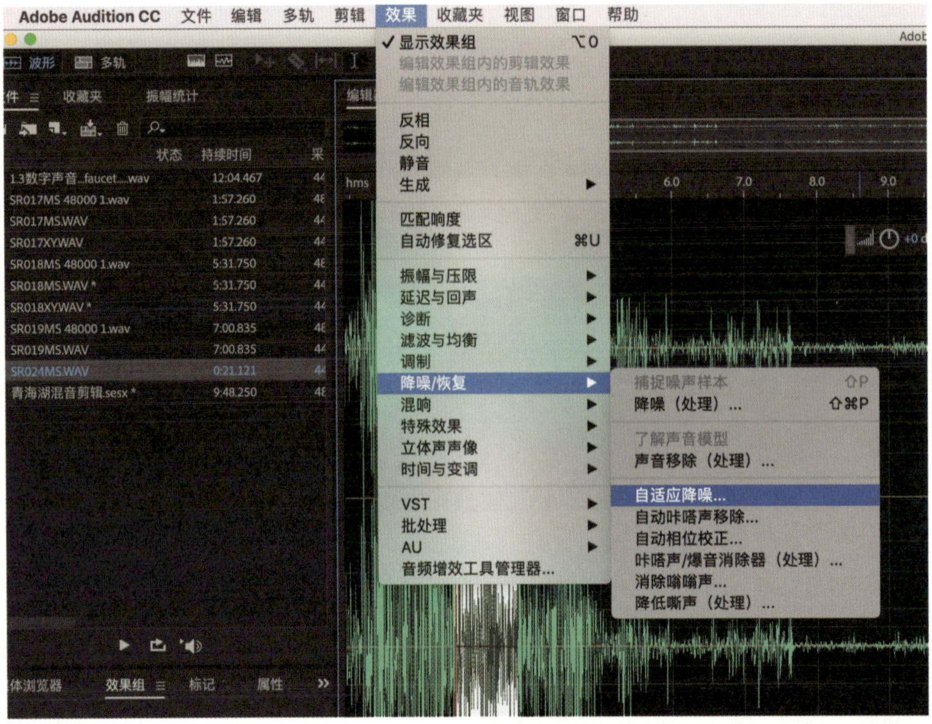

图 3-2-9　自适应降噪

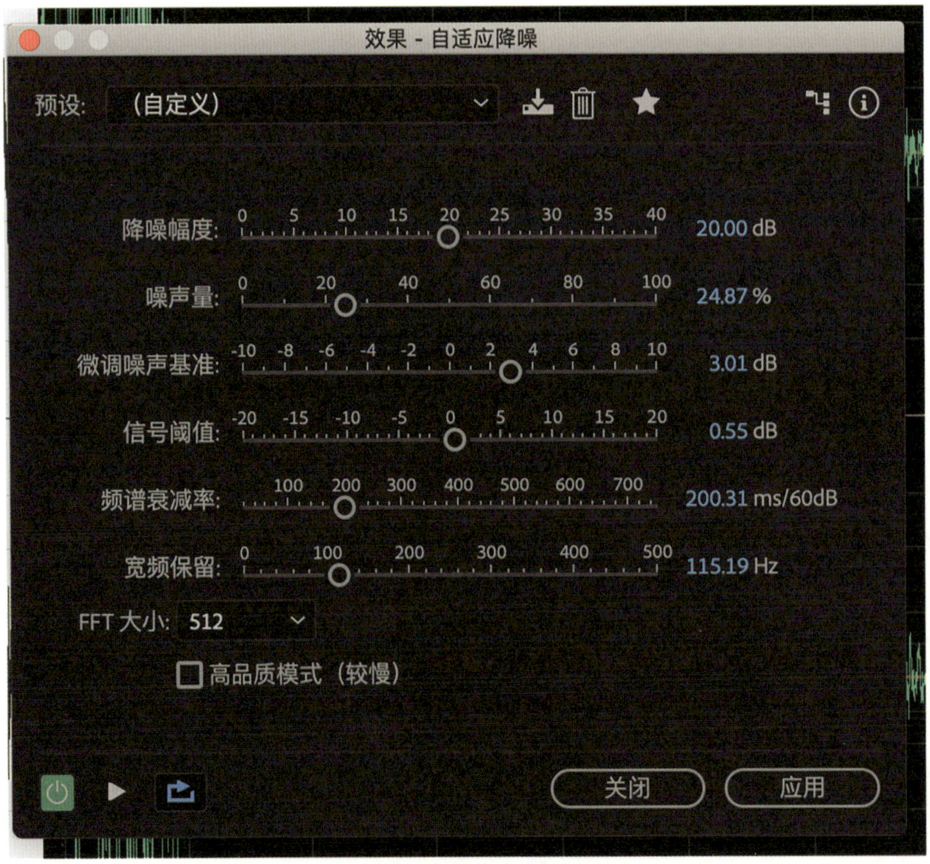

图 3-2-10　调整自适应降噪参数

图 3-2-11　降噪效果菜单

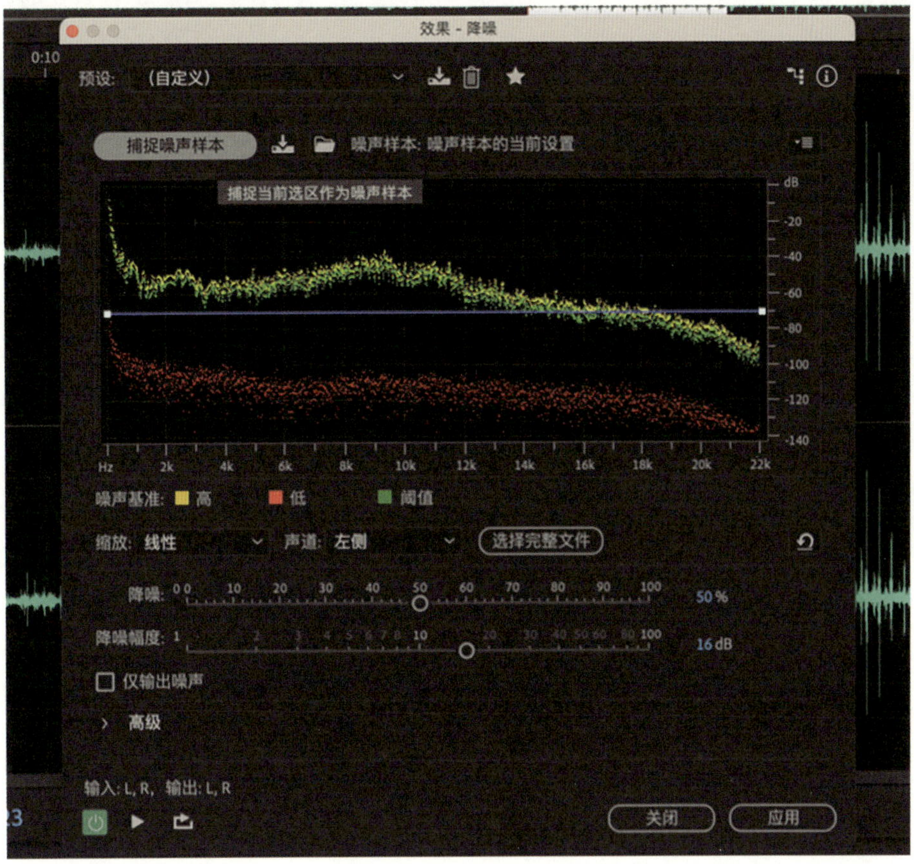

图 3-2-12　降噪操作

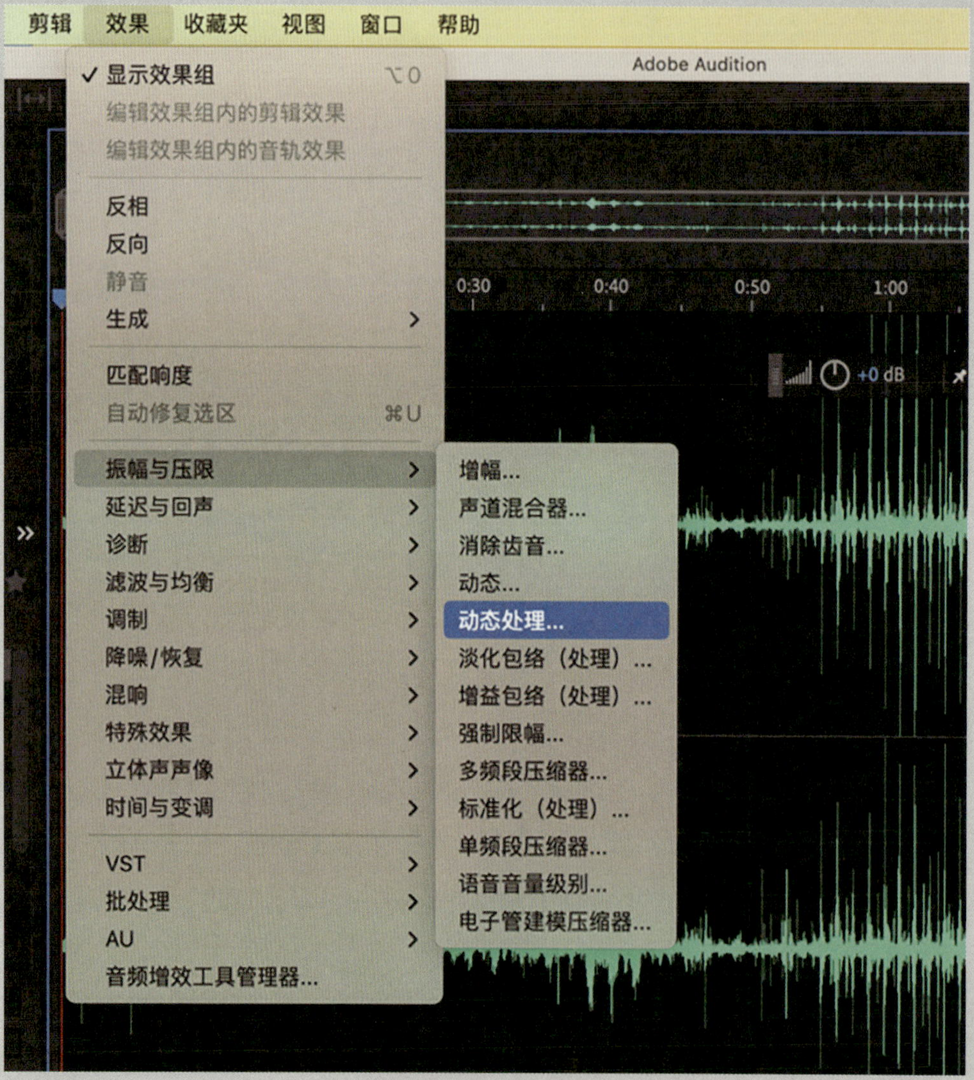
剪辑
效果
收藏夹
视图
窗口
帮助
Adobe Audition
✓ 显示效果组
编辑效果组内的剪辑效果
编辑效果组内的音轨效果
反相
反向
静音
生成
匹配响度
自动修复选区
振幅与压限
延迟与回声
诊断
滤波与均衡
调制
降噪/恢复
混响
特殊效果
立体声声像
时间与变调
VST
批处理
AU
音频增效工具管理器...
增幅...
声道混合器...
消除齿音...
动态...
动态处理...
淡化包络（处理）...
增益包络（处理）...
强制限幅...
多频段压缩器...
标准化（处理）...
单频段压缩器...
语音音量级别...
电子管建模压缩器...
0:30
0:40
0:50
1:00
+0 dB

图 3-2-13　动态处理

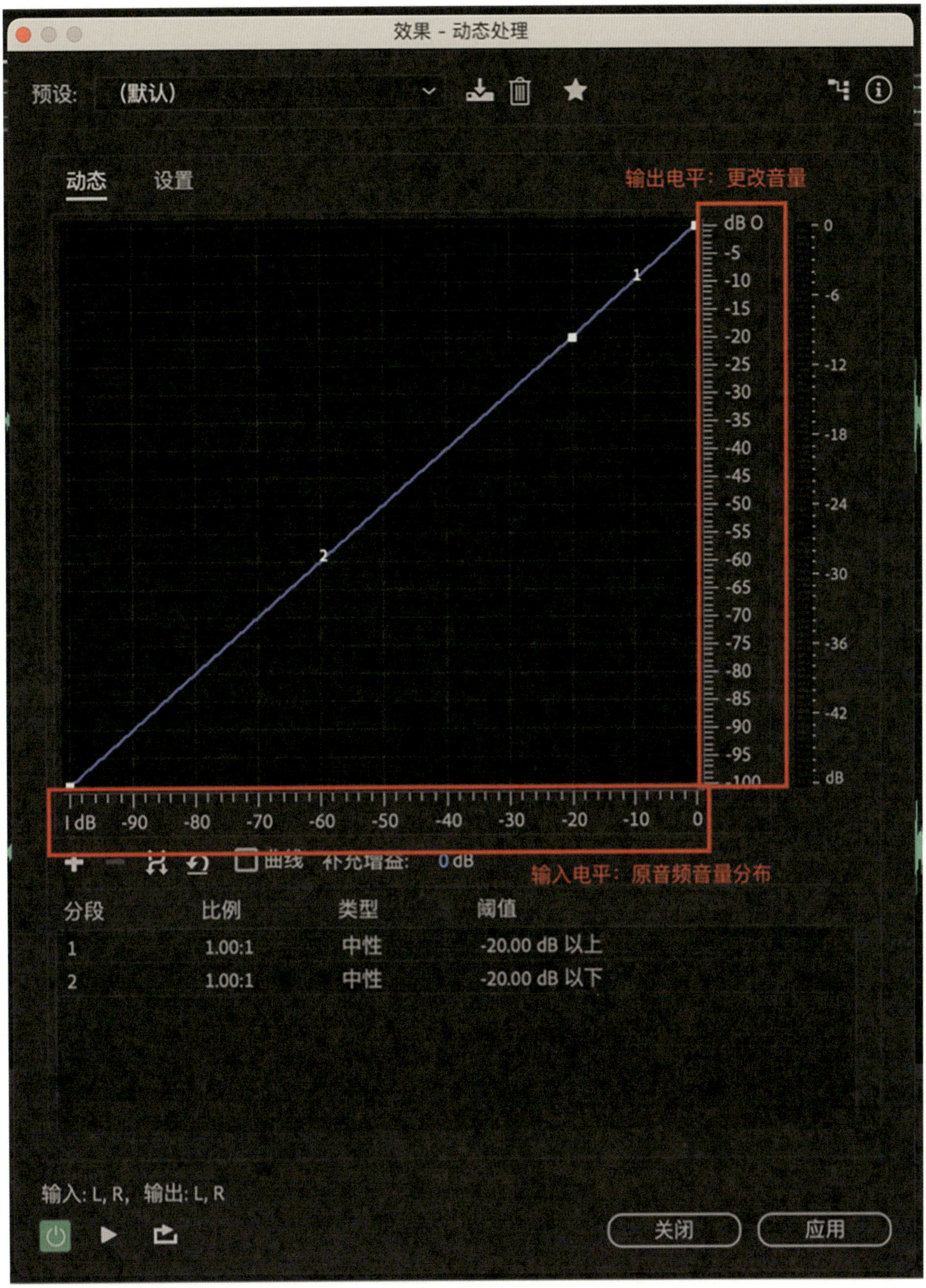
效果 - 动态处理
预设: (默认)
动态
设置
输出电平：更改音量
dB 0
-5
-10
-15
-20
-25
-30
-35
-40
-45
-50
-55
-60
-65
-70
-75
-80
-85
-90
-95
-100
0
-6
-12
-18
-24
-30
-36
-42
dB
l dB -90 -80 -70 -60 -50 -40 -30 -20 -10 0
曲线 补充增益: 0 dB
输入电平：原音频音量分布
分段 比例 类型 阈值
1 1.00:1 中性 -20.00 dB 以上
2 1.00:1 中性 -20.00 dB 以下
输入: L, R, 输出: L, R
关闭
应用

图 3-2-14　参数调整 1

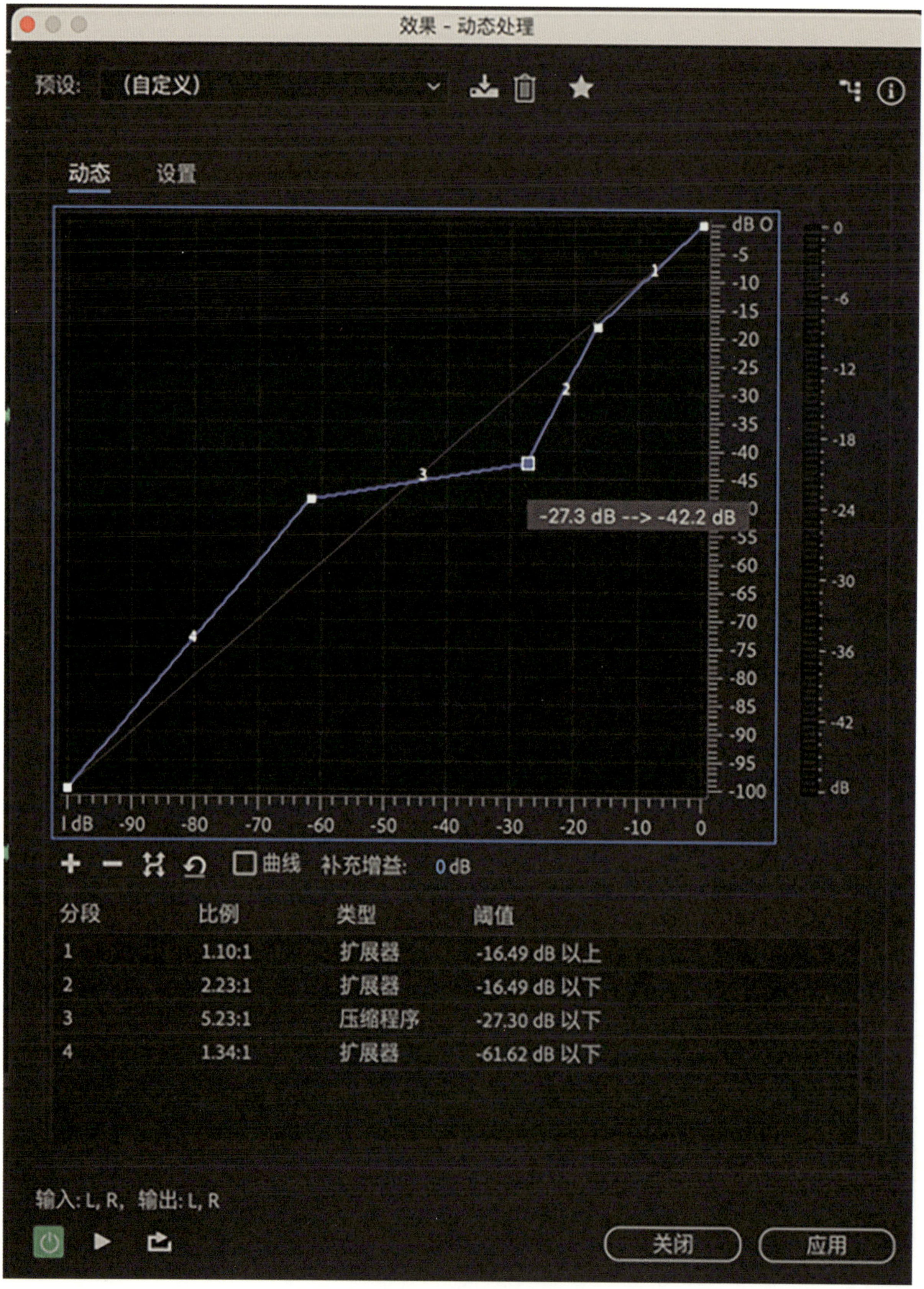

效果 - 动态处理
预设: (自定义)
动态 设置
-27.3 dB --> -42.2 dB
dB 0 -5 -10 -15 -20 -25 -30 -35 -40 -45 -55 -60 -65 -70 -75 -80 -85 -90 -95 -100
dB -90 -80 -70 -60 -50 -40 -30 -20 -10 0
曲线 补充增益: 0 dB
分段 比例 类型 阈值
1 1.10:1 扩展器 -16.49 dB 以上
2 2.23:1 扩展器 -16.49 dB 以下
3 5.23:1 压缩程序 -27.30 dB 以下
4 1.34:1 扩展器 -61.62 dB 以下
输入: L, R, 输出: L, R
关闭 应用

图 3-2-15 参数调整 2

第三节 Audition变调器

一、变调器

使用变调器效果，可以改变音调并随着时间的推移改变节奏。该效果采用关键帧编辑包络，类似于淡入淡出和增益包络效果，覆盖整个波形。要使用这个效果，执行“效果”→“时间与变调”→“变调器（处理）”命令，如图3-3-1、图3-3-2所示。

可以单击“编辑器”面板中蓝色的包络线添加关键帧，然后通过上下拖动它们来调整振幅。振幅的变化会导致声音的特性不同。当蓝线靠上时，声音会变得尖锐；当蓝线靠下时，声音会变得低沉。可根据需要对包络线进行调整，以获得所需的声音效果，如图3-3-3所示。

选中“曲线”复选框，以实现更平滑的过渡而不是线性过渡，在关键帧之间创建柔和的曲线效果，如图3-3-4所示。

质量：用于控制声音的质量水平。较高的质量水平可以产生最佳的声音效果，但处理时间会相对较长；而较低的质量水平可能会引发一些不必要的谐波失真，但处理时间较短。

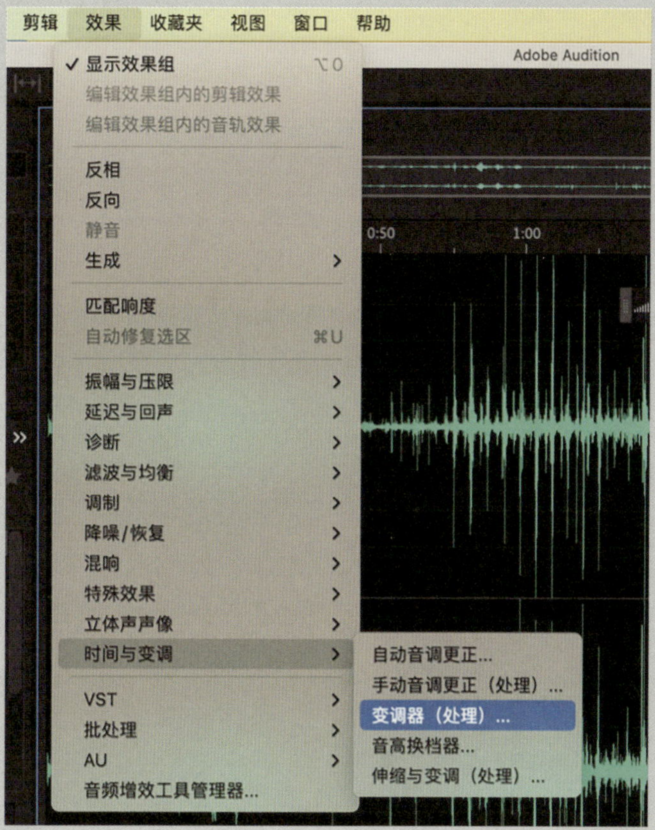

图3-3-1 效果菜单

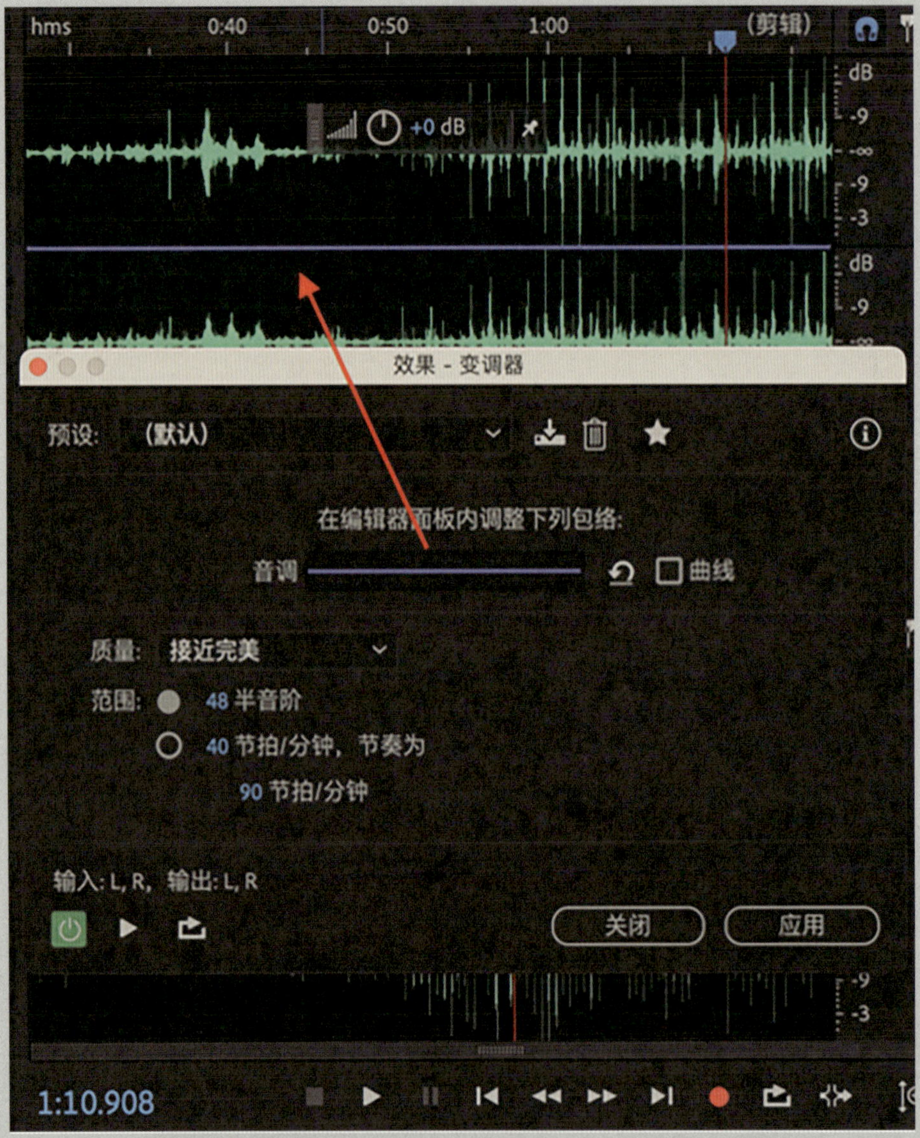
hms
0:40
0:50
1:00
(剪辑)
+0 dB
dB
效果 - 变调器
预设:
(默认)
在编辑器面板内调整下列包络:
音调
曲线
质量:
接近完美
范围:
48 半音阶
40 节拍/分钟，节奏为
90 节拍/分钟
输入: L, R， 输出: L, R
关闭
应用
1:10.908

图 3-3-2　变调器界面

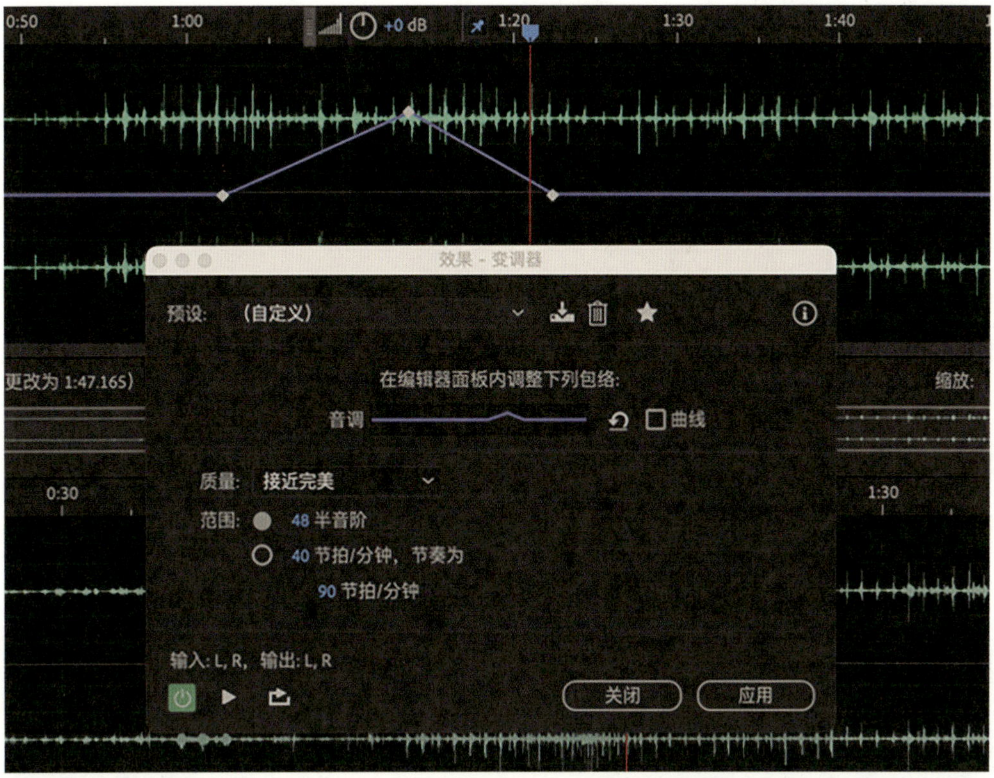

图 3-3-3　设置变调器参数

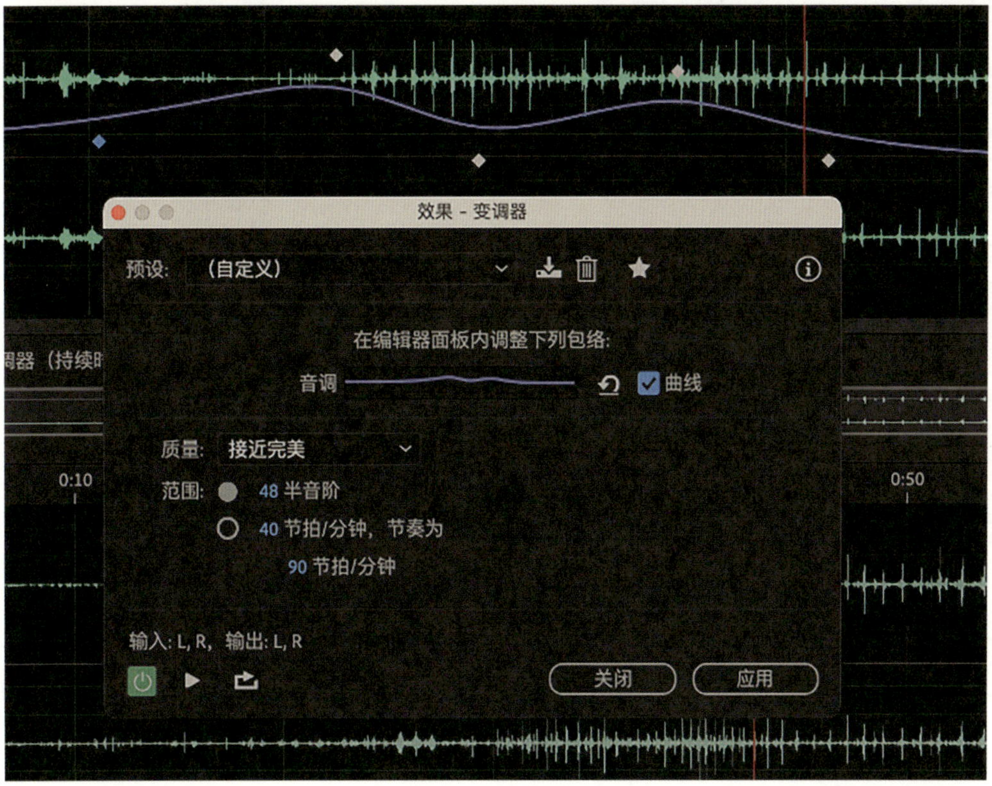

图 3-3-4　设置变调器曲线

二、伸缩与变调

伸缩与变调（图3-3-5）可以调整音频信号或节奏，或者同时改变二者的音调。例如它可以用于在保持原有节拍的情况下，提高歌曲的音调，或者在保持原有音调的情况下减慢语音的速度。

该效果提供两种算法选择：选择“iZotope Radius”算法可同时进行音频的时间拉伸和音调变换，选择“Audition”算法则可以根据时间调整音频的拉伸或音调设置，如图3-3-6所示。

新持续时间：指经过时间拉伸后音频的新持续时间。可以直接调整“新持续时间”的数值，或通过修改“伸缩”百分比来间接调整。

伸缩：一个用于处理音频的参数，可使现有音频缩短或延长。例如若要将音频缩短至当前持续时间的一半，将伸缩数值设为50%。

变调：用于调整音频的音调，可上调或下调。每个半音阶相当于键盘上的一个半音。

图3-3-5　伸缩与变调

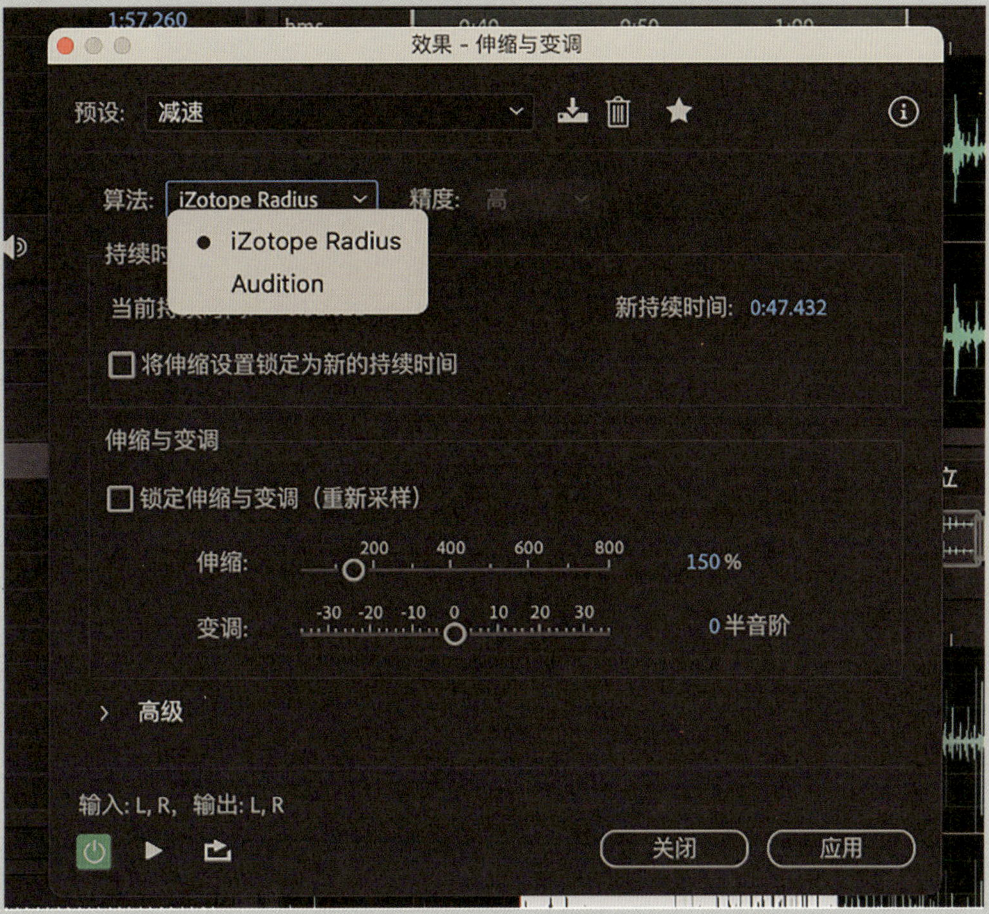

图 3-3-6　伸缩与变调界面

三、均衡器

均衡器（EQ）主要用于调节不同频段信号的增益。它可以修改声音中各频率组成的泛音等级，以使声音更加丰满、情感更加丰富或更具冲击力。通过将声音分成多个频段并对每个频段进行调节，可以实现特定类型的声音效果。不同类型的音乐可以通过调节均衡器来获得不同程度的优化。常见的EQ设置包括正常、摇滚、流行、舞曲、古典、柔和、爵士、金属、重低音和自定义。自定义设置允许用户根据自己的喜好进行调整，而不受固定模式的限制，从而满足自己的听音偏好，如图3-3-7所示。

Audition提供了3种不同的图形均衡器选项，包括10段图形均衡器、20段图形均衡器和30段图形均衡器。随着频段数量的增加，界面中可调节的频带数量也相应增多，进一步提高了均衡后的效果精准度。通过对不同频率范围内的增益或衰减进行向上或向下调整，可以实现对声音频率的平衡调节。此外，还可以轻松选择预设效果，以快速实现所需的均衡效果，如图3-3-8所示。

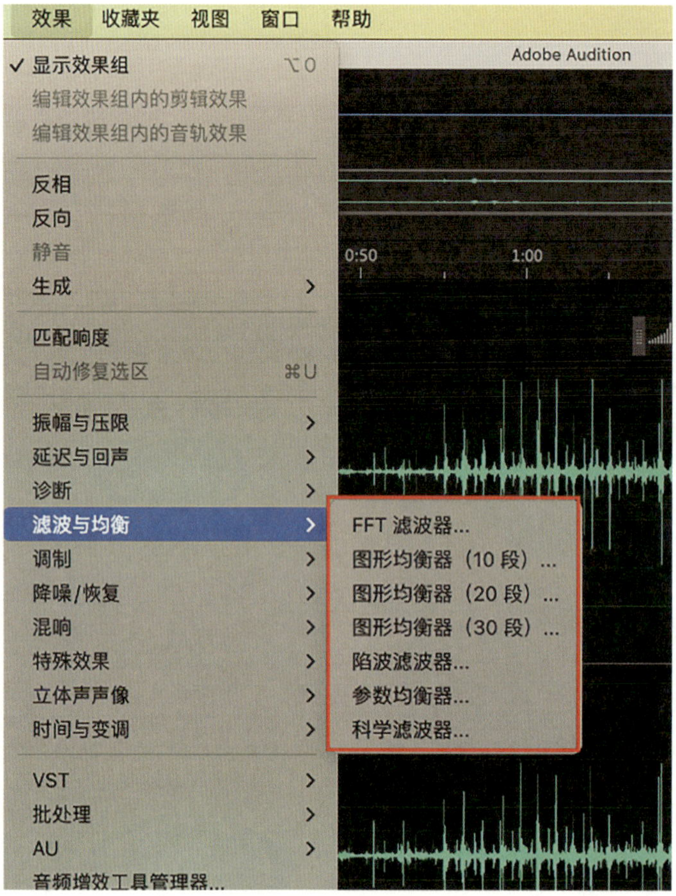

图 3-3-7　图形均衡器

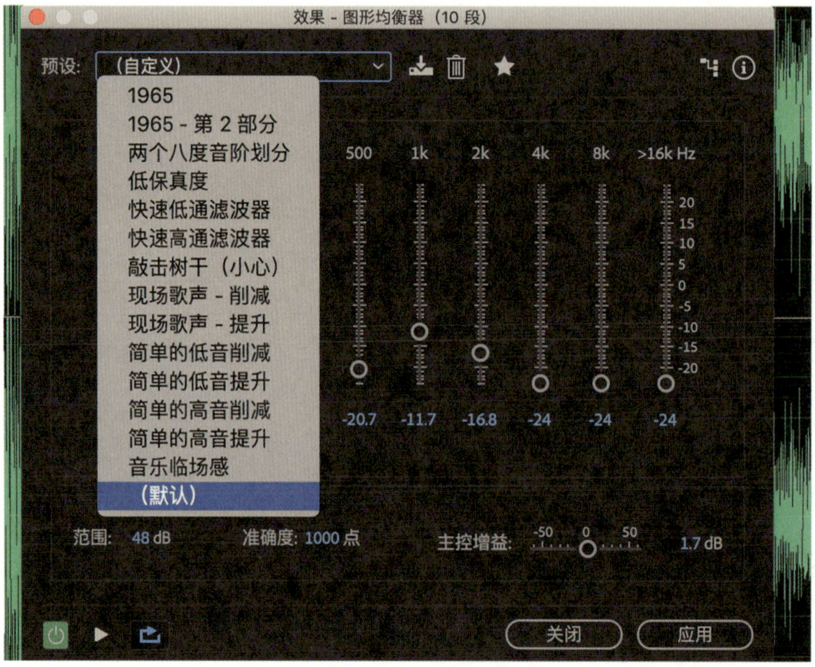

图 3-3-8　图形均衡器（10 段）

在窗口的中间位置，有 10 个滑块可调节不同频率的增益值，用于对声音进行频率调整。右下方的滑块称为“主控增益”，可以对处理后的音量进行补偿。左下角的绿色亮灯按钮表示应用效果，当该按钮亮起时，可以听到添加调整后的效果；当该按钮变暗时，表示效果未应用。位于左下角的预览播放按钮可以用于播放预览声音。广泛使用的预览循环按钮可循环播放选择区域的声音文件。对于 20 段图形均衡器、30 段图形均衡器和 10 段图形均衡器，它们的界面参数调整基本相同，唯一的区别在于频段数量的增减以及“预设”下拉列表框提供的效果不同，如图3-3-9所示。

四、参数均衡器

虽然图形均衡器可以调整多达30个频段的频率，但是由于频率数量的限制，无法自由设定频率值。参数均衡器则解决了这个问题。如果执行“效果”→“滤波与均衡”→“参数均衡”命令，就会打开“效果－参数均衡器”对话框，可以进行参数均衡的设置。可以从“预设”下拉列表框中快速选择均衡效果。在该对话框中，显示了参数均衡的曲线，并且曲线上有白色调节点，最多可添加7个节点。其中两个节点是固定的，无法隐藏。可以使用鼠标左键上下或左右拖动调节点，以改变频率和增益的大小，也可以通过调整相应的参数值来改变频率和增益的大小，如图3-3-10、图3-3-11所示。

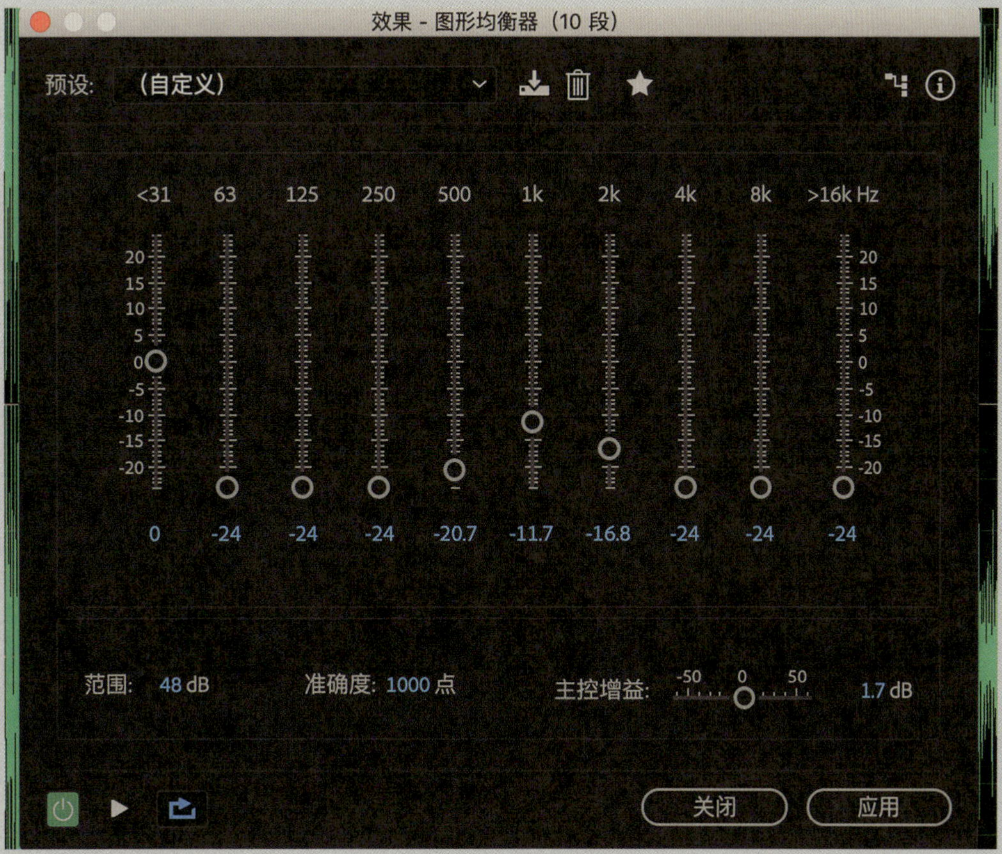

图 3-3-9　图形均衡器（10 段）

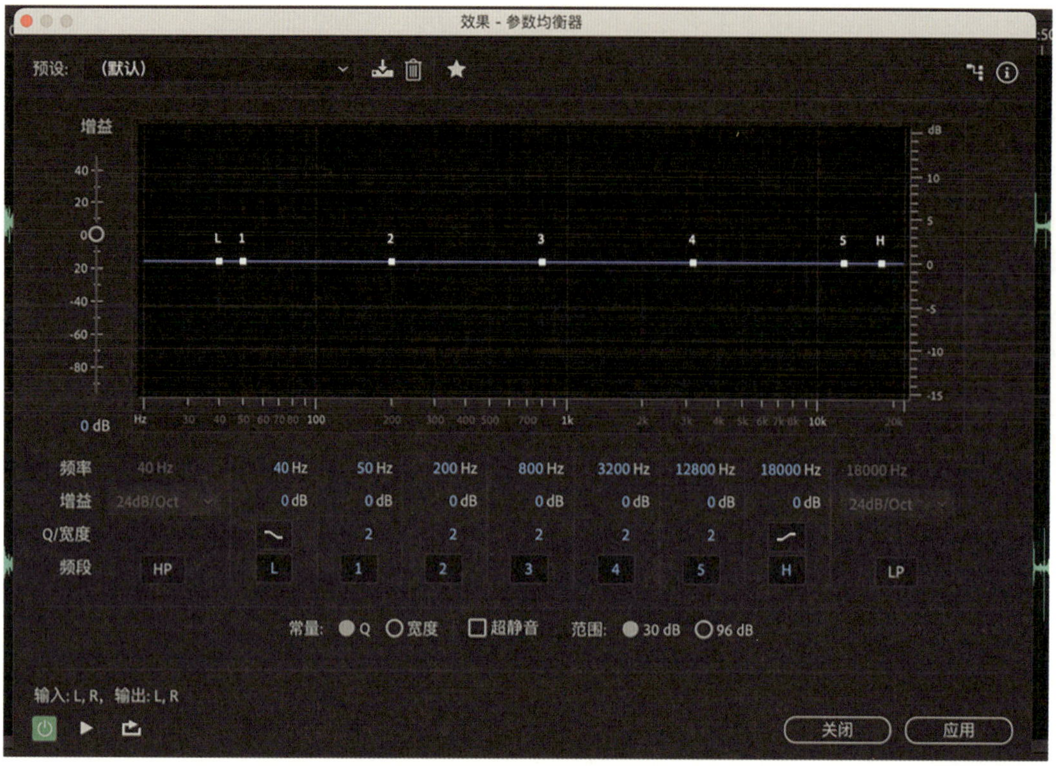

图 3-3-10 参数均衡器

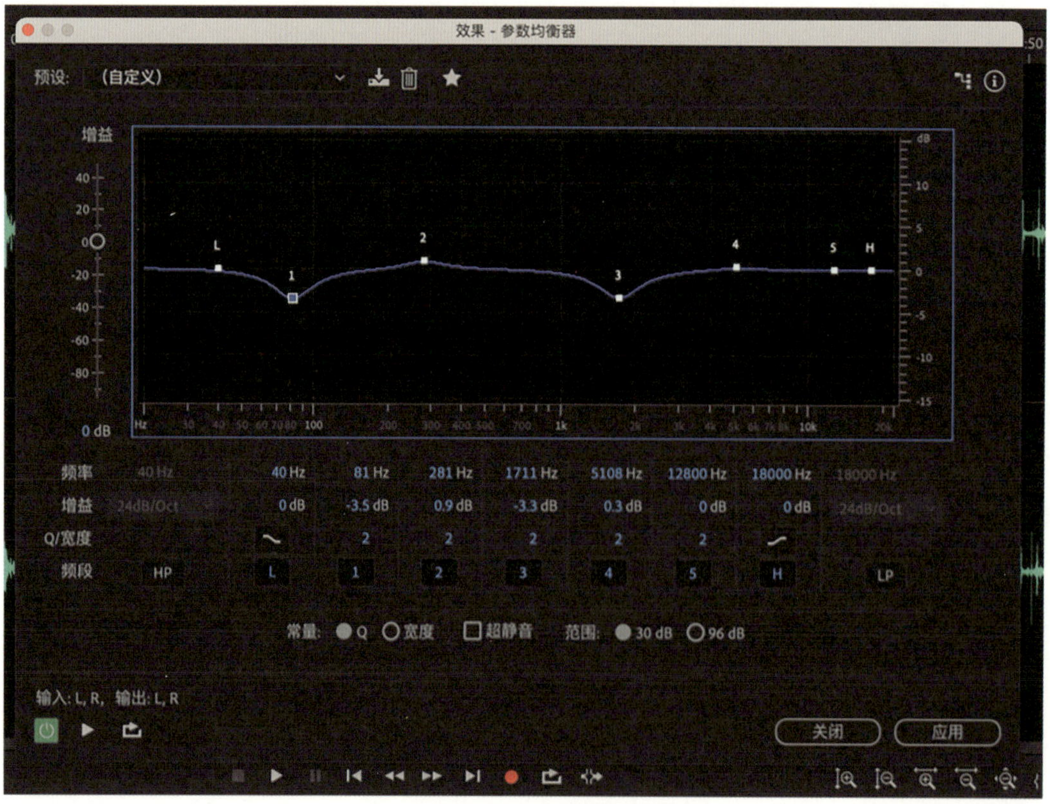

图 3-3-11 参数调整

第四节　实训案例

一、音频剪辑案例

案例一：赛装节音频剪辑

首先，执行“文件”→“导入”命令，导入视频文件，如图3-4-1所示。

在Audition的界面中，可以在工具栏右上方找到“工作区”选项。单击它，然后选择“编辑音频到视频”，这样就可以打开适用于视频配音的工作窗口模式。接下来，可以将视频文件导入软件，只需将其拖曳到声轨上即可。在这个过程中，多轨编辑页面会自动创建一个视频轨道，以便更好地管理音频和视频素材。当一切准备就绪后，按下空格键即可开始播放视频，并在左侧的视频预览窗口中实时预览视频的内容。这样可以方便地进行音频与视频的编辑工作，如图3-4-2所示。

在播放音频并对其浏览的过程中会发现，音频中有非常严重的杂音，以及环境音，而且已经超过电平上线而产生了削波，如图3-4-3所示。

可使用时间选择工具选择含有一段噪声的音频，执行“效果”→“降噪/恢复”→“降噪（处理）”命令。单击“捕捉噪声样本”按钮，根据需要选择降噪参数，并单击“选择完整文件”按钮后

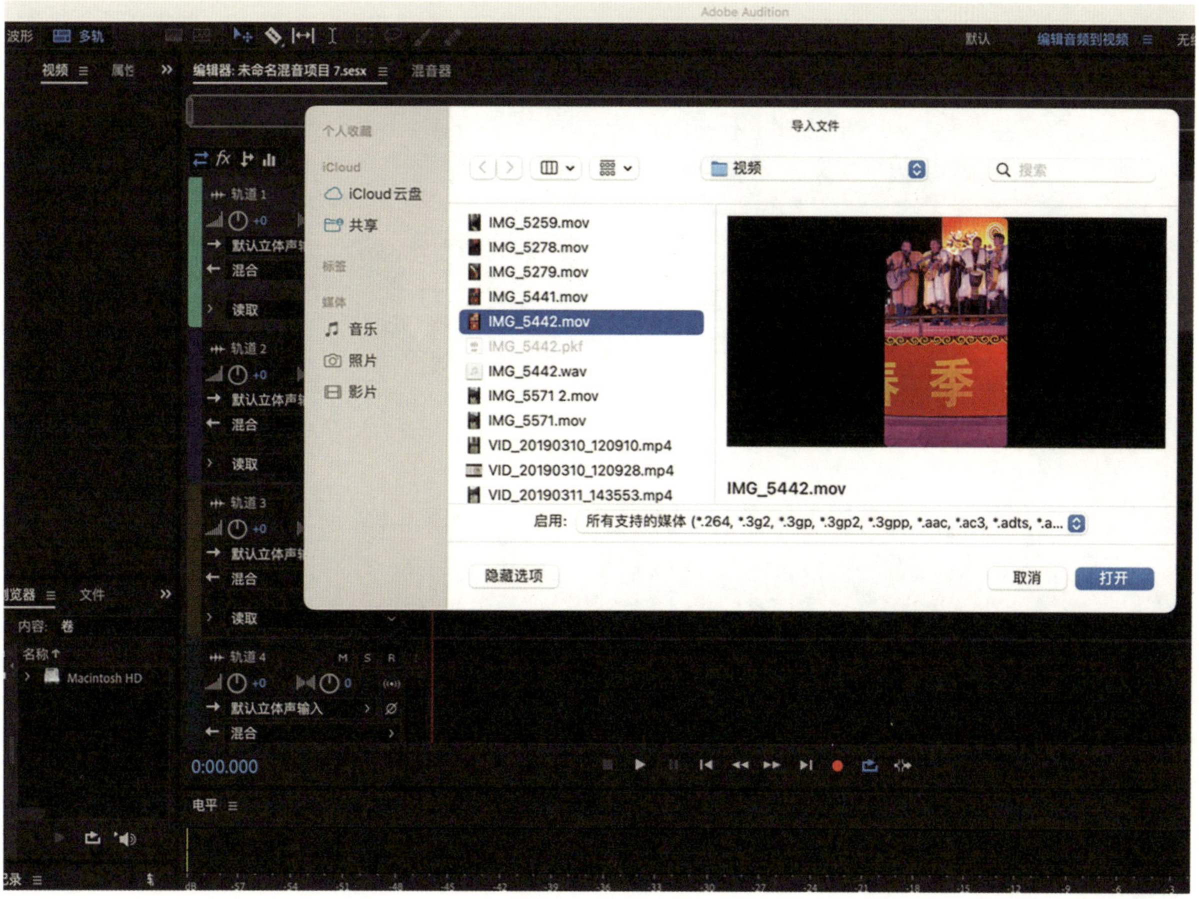

图3-4-1　导入文件

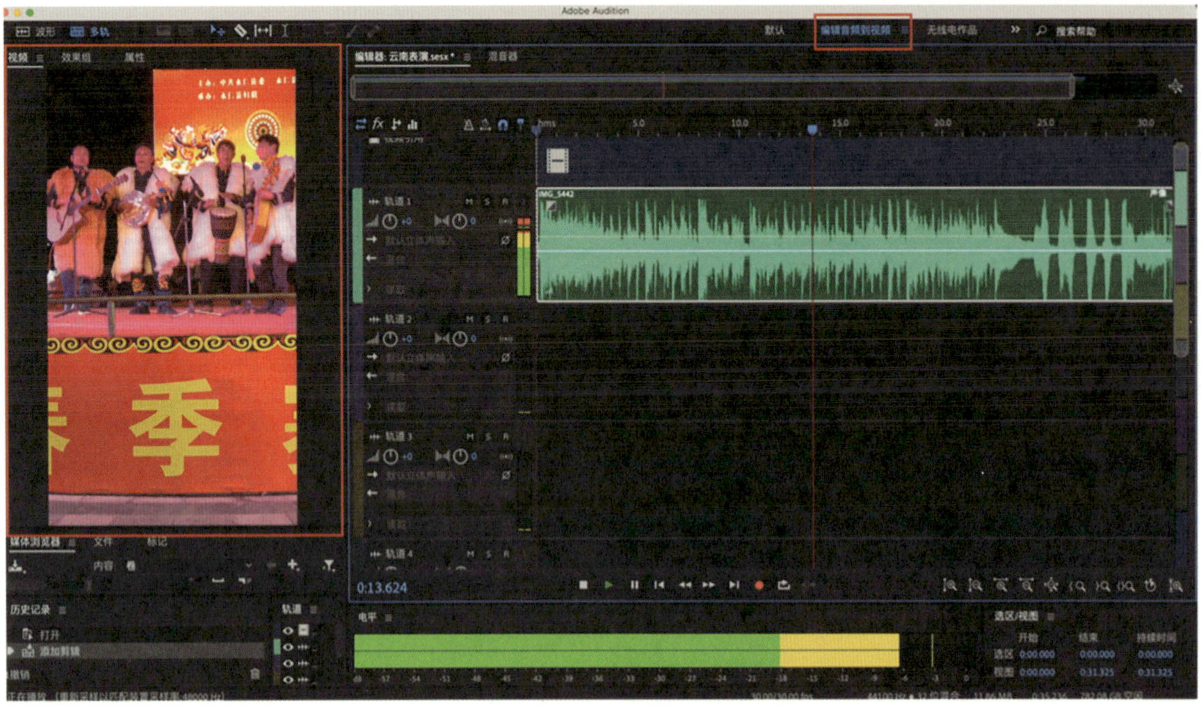

图 3-4-2　视频音轨

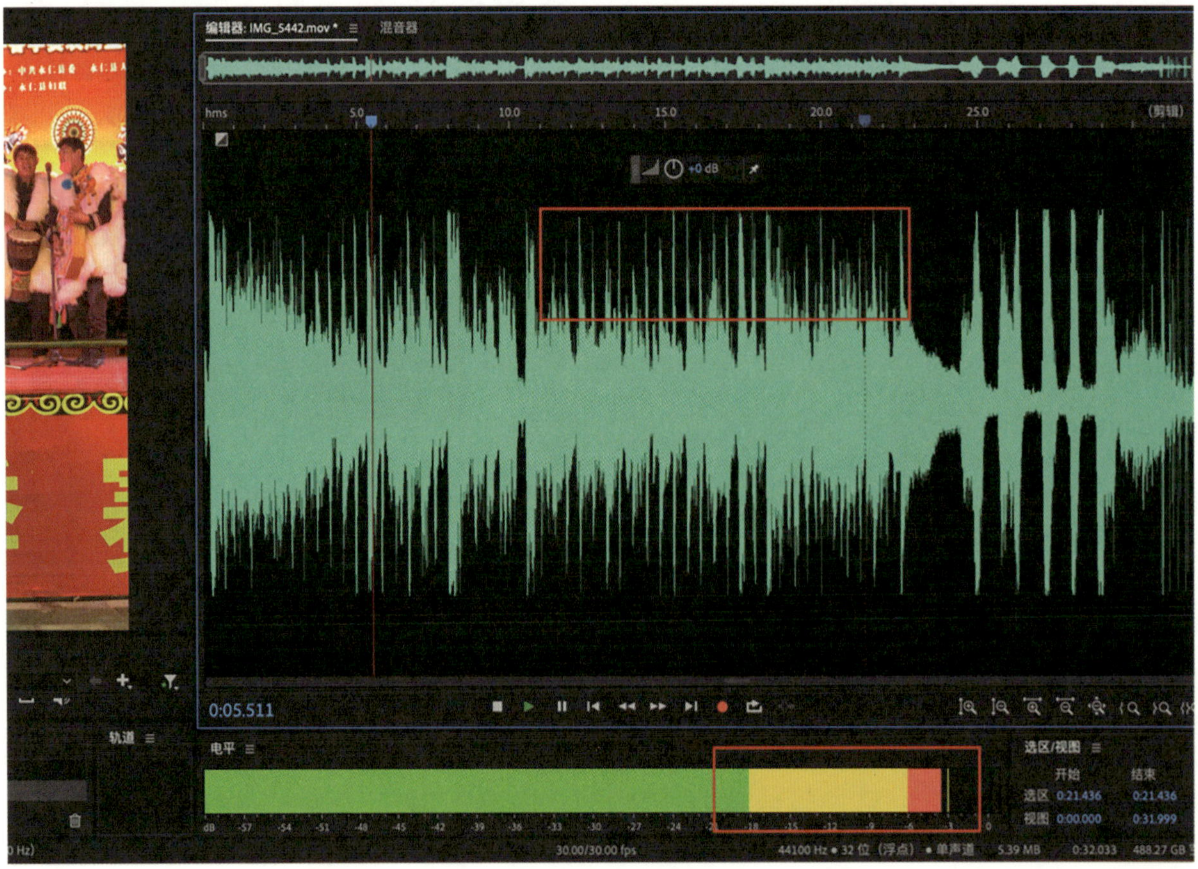

图 3-4-3　产生削波

应用，如图3-4-4所示。

视频的前半段属于乐器的演奏，在降噪后会听到一些人声，需要去除音频中的人声保留背景音乐。这里有两种方法，一种是使用Audition自带的中置声道提取器进行处理，执行“效果”→“立体声声像”→“中置声道提取器”命令打开设置界面，如图3-4-5所示。

在“预设”下拉列表中，选择“人声移除”选

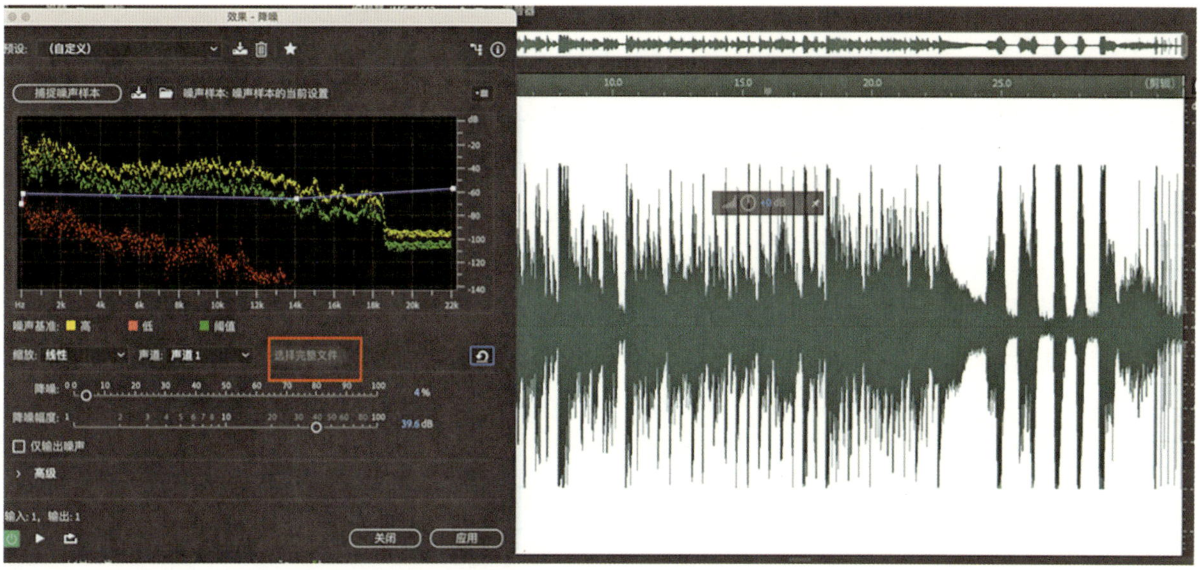

图 3-4-4　降噪处理

图 3-4-5　“效果”菜单

项，如图3-4-6所示。在特征提取选项区域中，设置要提取的音频特征。“中置频率”用于调节人声的清晰程度，值越高，人声越突出。“中心声道电平”用于控制人声的音量，值越高，人声越显著。“侧边声道电平”用于调整背景音的强度，值越高，背景音越明显。单击“应用”按钮后，这一效果将生效，音频将被处理。需要注意的是，此处理是不可逆转的。

这种方法的优点是处理速度较快，但缺点是效果可能不理想，因为背景音也会同时被处理。

另一种方法是打开音频频谱并进行人工识别，可以根据频谱图中大块黄色区域来确定人声的位置，如图3-4-7所示。

可以使用工具栏中的污点修复工具进行手动消除，如图3-4-8所示。

对于音频中的部分过爆的噪声可使用时间选择工具调整振幅。

音频后5秒有一段人声，由于录制场地过于空旷，人声不够清晰，可以执行“效果”→“特殊效果”→“人声增强”命令。使用“人声增强”效果能够迅速改善旁白录音的质量。“男声”和“女声”模式能够自动减少细微噪声、爆破声以及抓握麦克风时产生的低频隆隆声，如图3-4-9与图3-4-10所示。

根据要求，调整音频素材的音量、声音空间和效果处理，以达到期望的音频效果，同时，确保音频轨道之间的电平平衡，避免任何素材突兀或不自然的感觉。将完成的音频工程文件存储在指定位置，并导出音频文件。然后，将生成的音频文件导入视频编辑软件，如Premiere软件，进行最后的音画同步调整，从而生成最终的影音文件。

案例二：楚雄彝族音频剪辑

永仁县隶属于楚雄彝族自治州。首先采访的是彝族女性手工艺者创意市场“巾帼一条街”。这条小街以彝绣为主，同时有部分彝族特色乐器店和服饰店，如图3-4-11所示。

音频YUNSR003MS月亮琴弹奏，剪辑过程：11分开始保留，后半段彝绣采访，分成3段

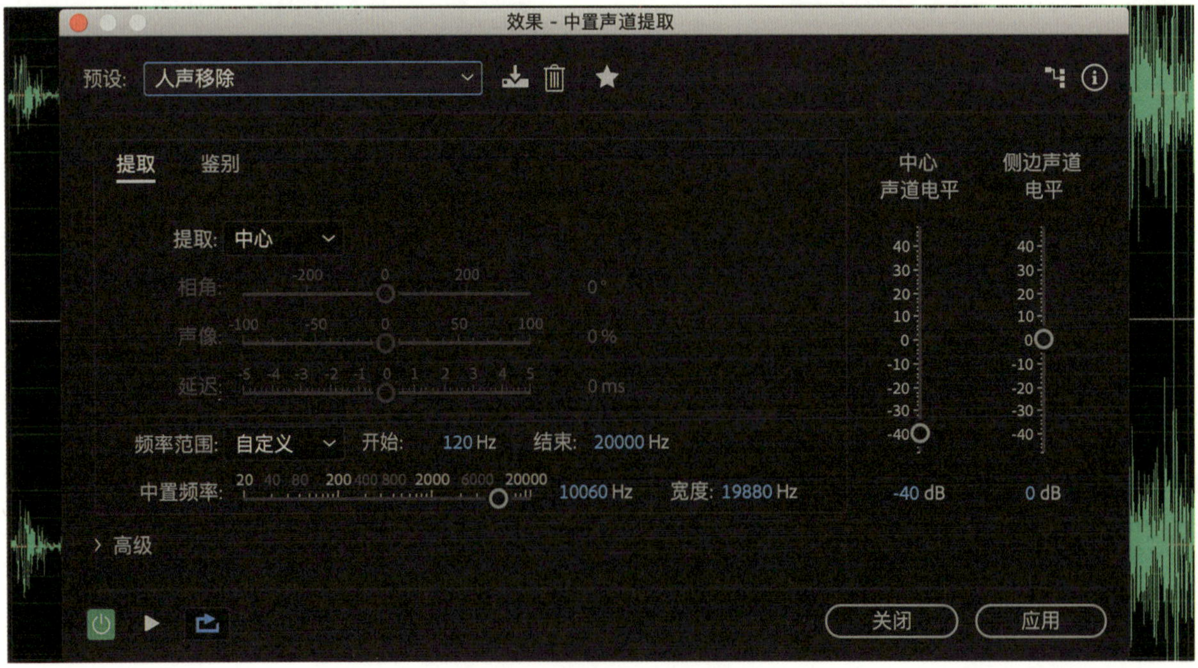

图3-4-6　人声移除

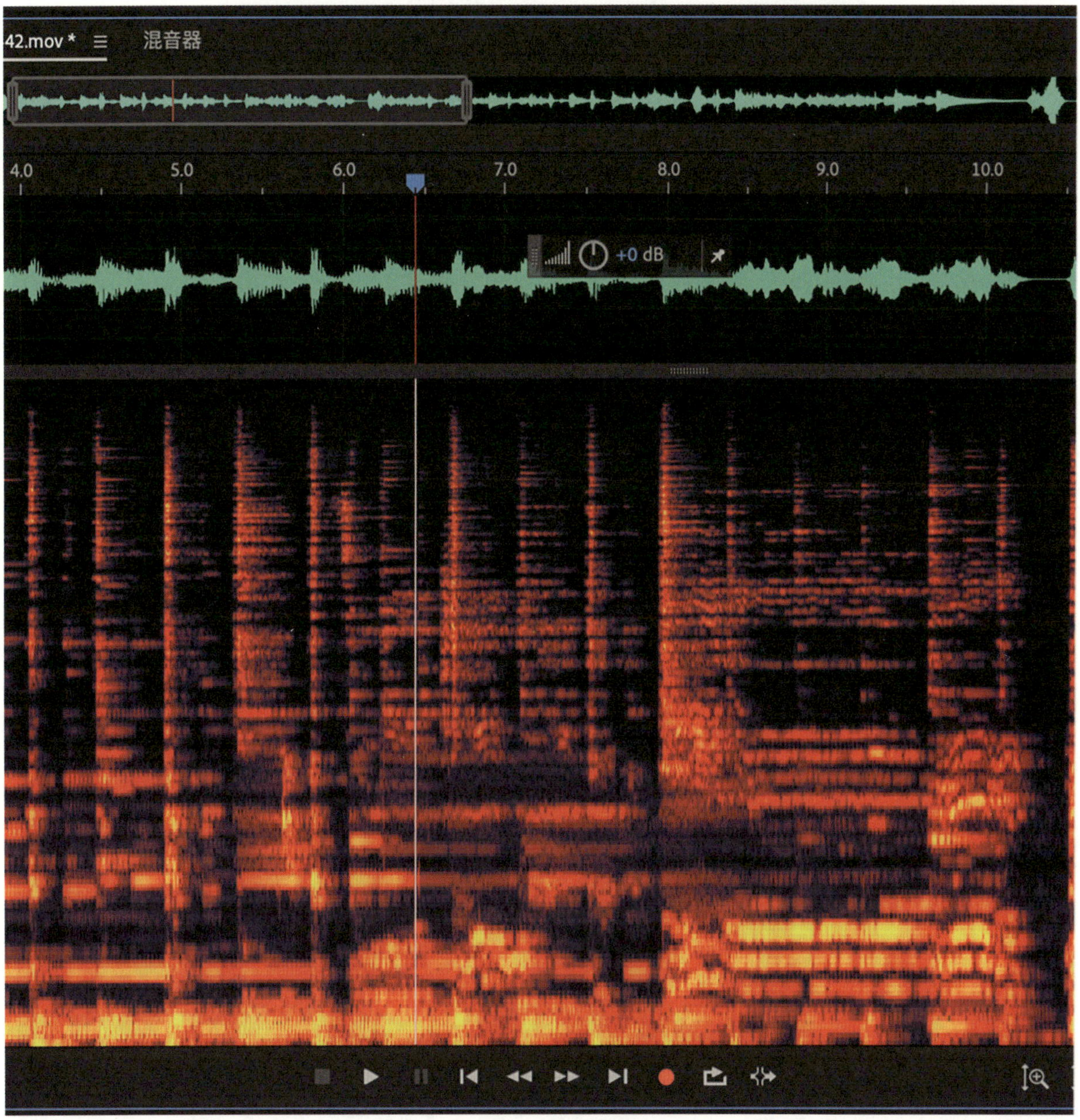

图 3-4-7 人声定位

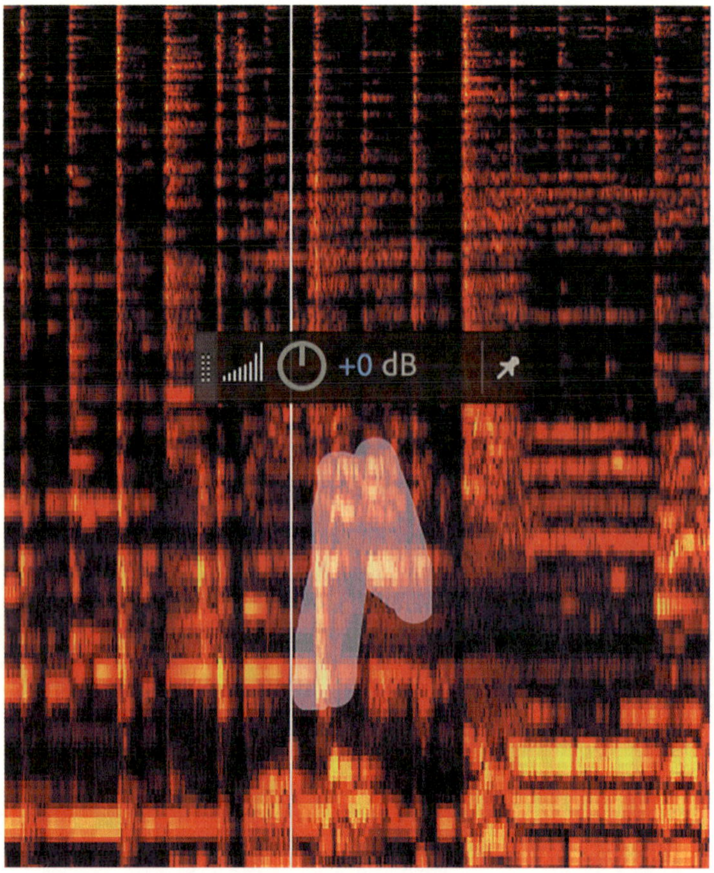

图 3-4-8　污点修复

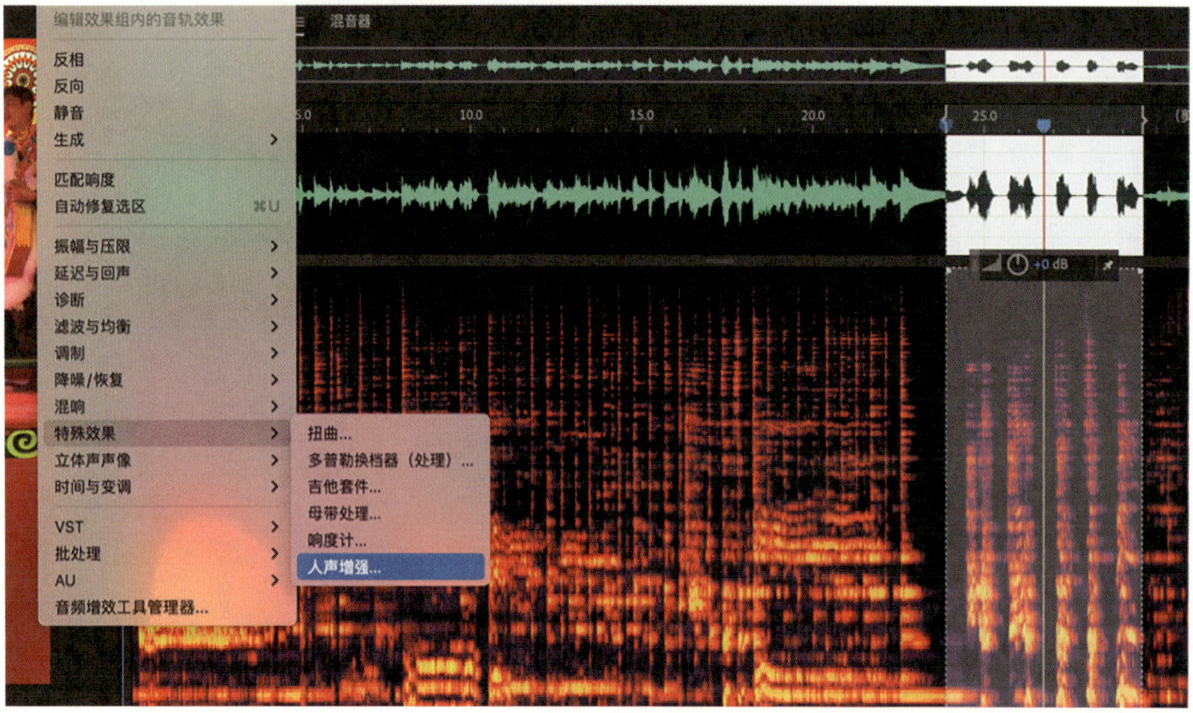

图 3-4-9　人声增强

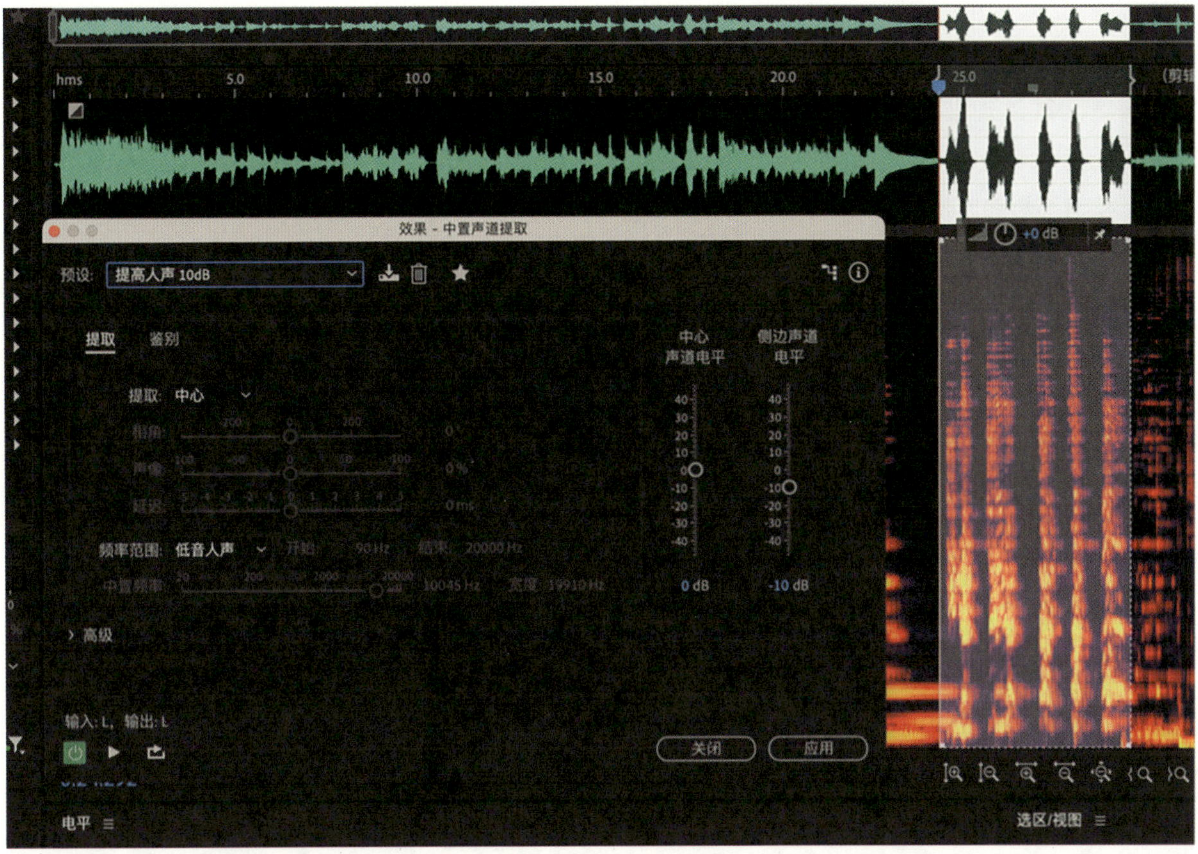

图 3-4-10　提高人声

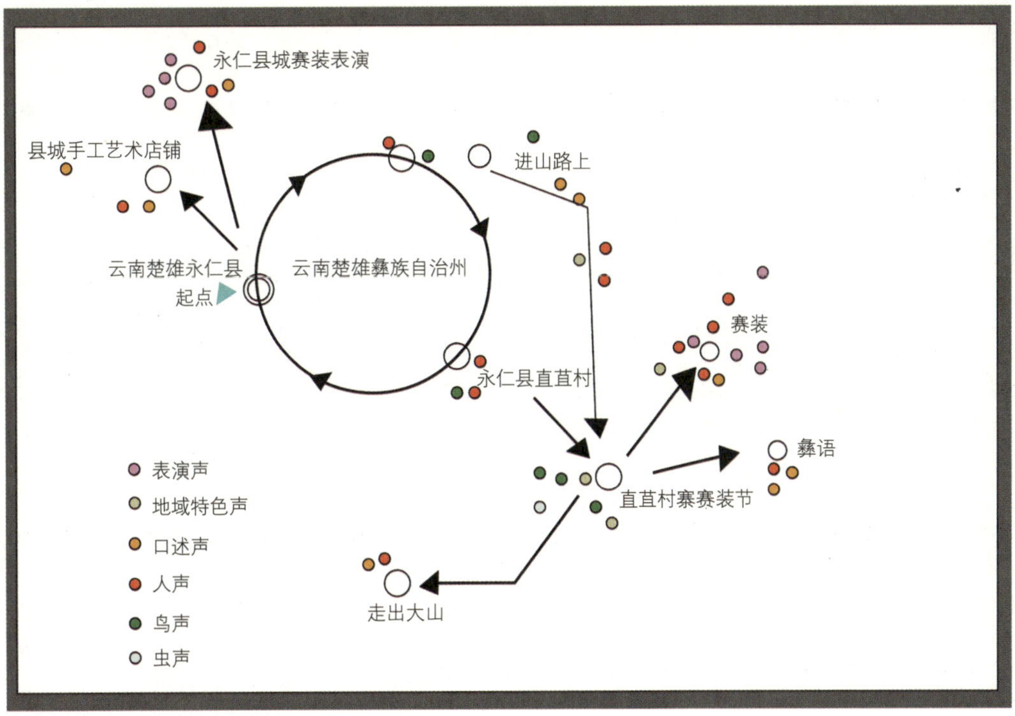

图 3-4-11　作者于 2019 年绘制

音频。

通过分析音频可视化图谱，我们发现中间偏后的声音区域呈现出密集且聚集的颜色，如图3-4-12所示。因此，在音频采集完成后的剪辑过程中，我们不需要完整地听取所有内容。根据可视化图谱，我们可以找到颜色最强烈的部分，这表示那里有比较强的声音存在。这些声音可能是我们所寻找的有效声音，也有可能是噪声。我们将重点分析这些部分，并提取出演奏者演奏月亮琴的声音，进行剪切和提炼，然后重新试听。这样的分析方法可以帮助我们更有效地定位和处理特定声音。

剪辑完成后，得到了一个时长为12秒的新音轨。从图中可以观察到，前9秒的声音呈现出紧凑而密集的特点，而在第10秒开始，声音逐渐变得舒缓起来。这个特点正是月亮琴合奏的音色所体现出来的，如图3-4-13所示。

声音可以通过视觉方式进行分析和编辑。由于人耳存在一定的限制，有些声音的细微变化可能无法完全被听觉感知到，然而在声音软件中，我们可以通过可视化曲线来更清晰地观察声音的变化。通过观察，我们发现在每个音轨中间有一段模糊的粒子，经过反复试听，确定可以作为噪声去掉。应用框选工具，把有噪声的地方选出，如图3-4-14所示。

调出降噪面板，尝试调节噪声样本曲线，试听后单击“选择完整文件”按钮调节整条声音曲线的噪声范围，如图3-4-15所示。

得出的新曲线音轨在两种不同视图下都可以发现，声音变得干净而纯粹了，如图3-4-16、

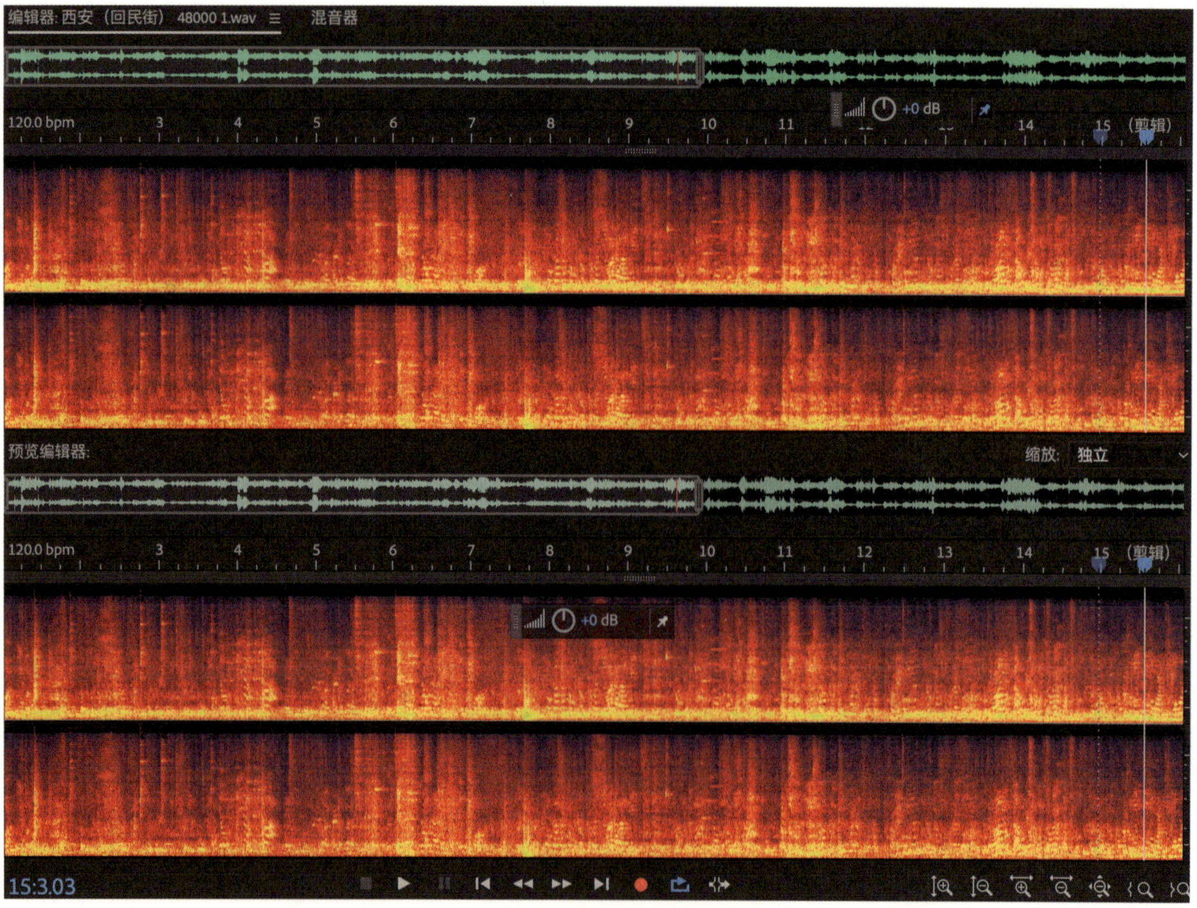

图3-4-12　可视化图谱界面

图 3-4-13　Audition 剪辑界面

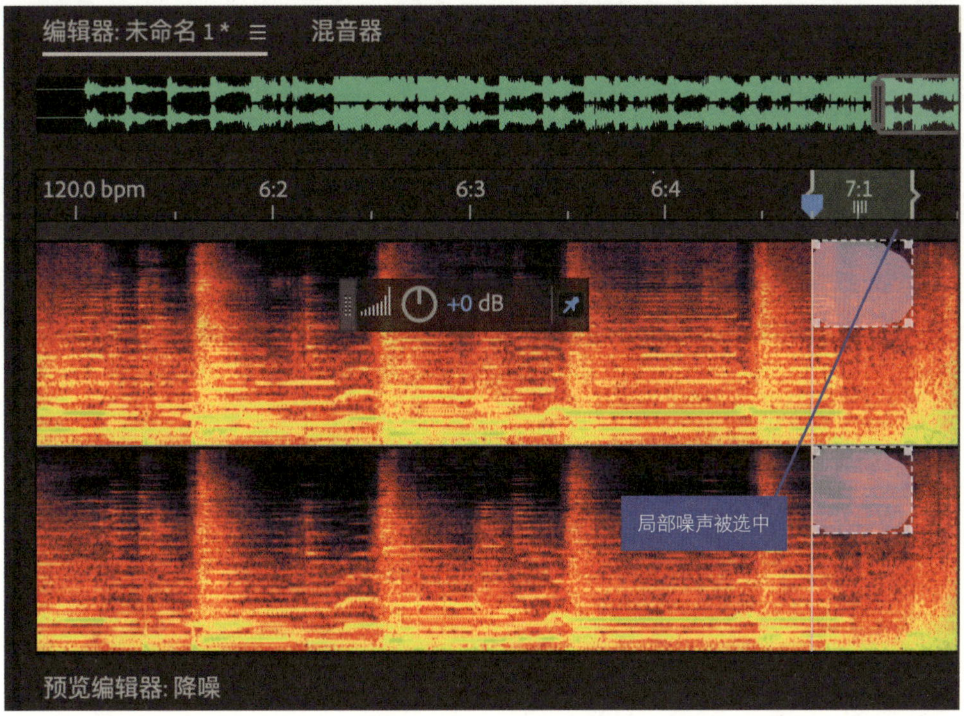

图 3-4-14　框选噪声

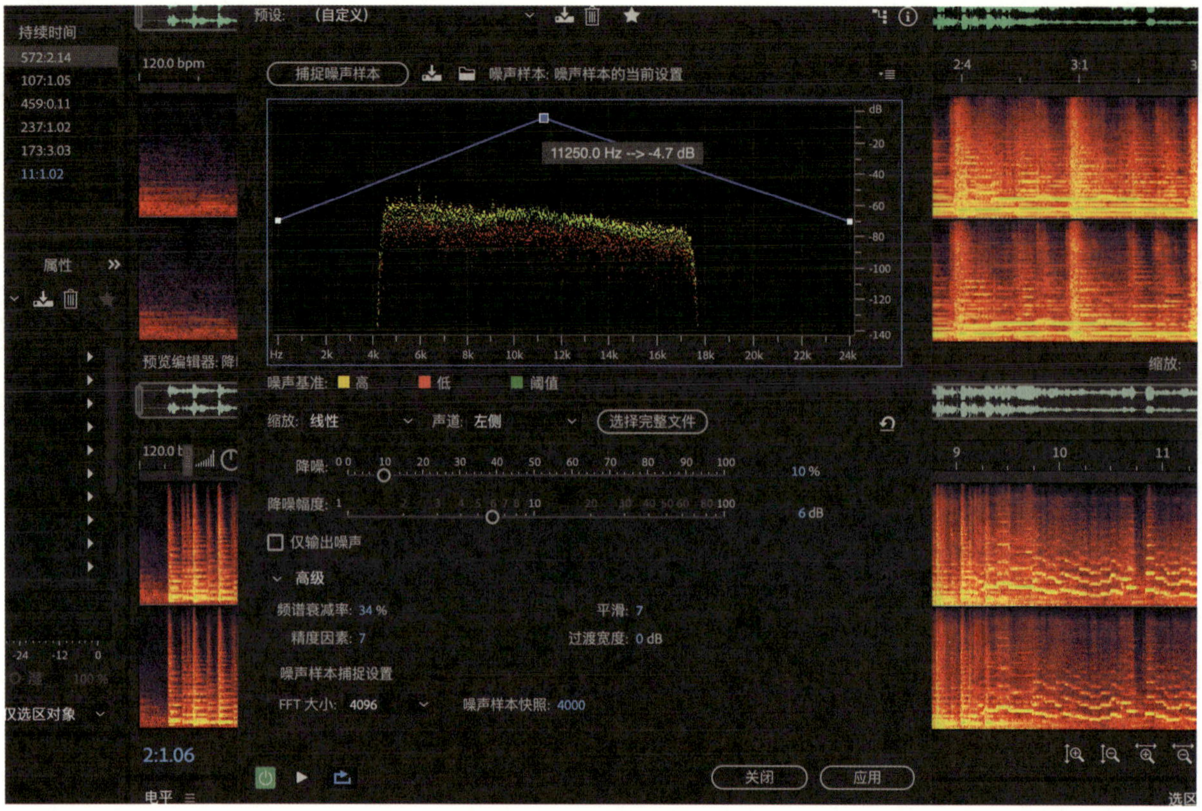

图 3-4-15　音频降噪

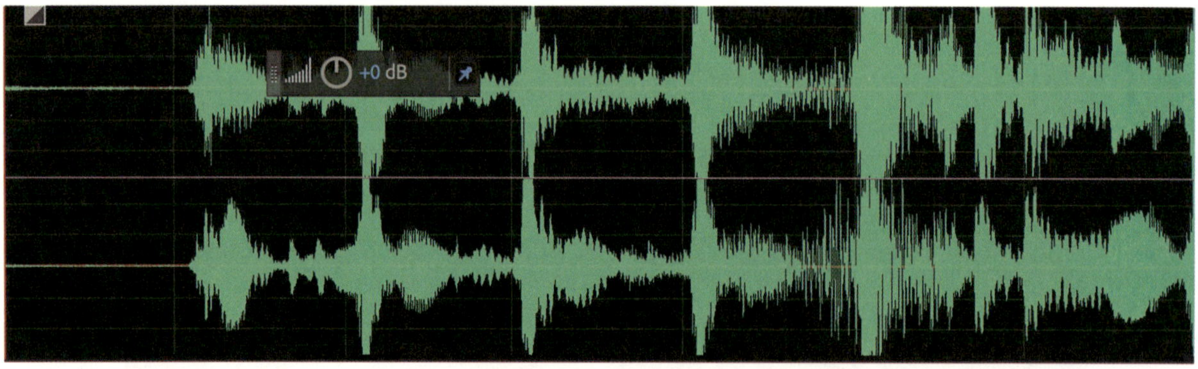

图 3-4-16　多轨视图

图3-4-17所示。

之后反复听音频，再通过定点捕捉的方式对其进行第二次、第三次细化降噪，如图3-4-18所示。

与初始音频未剪辑前的音轨变化对比，如图3-4-19、图3-4-20所示，从图上观察声音的曲线变得抑扬顿挫，由此可以得出一个新的MP3声音，命名为YUN1MP3。

二、声音数据分析

（一）特有社会环境下声景分析

少数民族聚居地的自然生态环境中，声音景观对于保护其独特的民族文化具有重要意义。自然环境中的声音是地域遗产中不可或缺的一部分。记录鸟鸣声和昆虫鸣叫声可以反映一个地区的生态环境

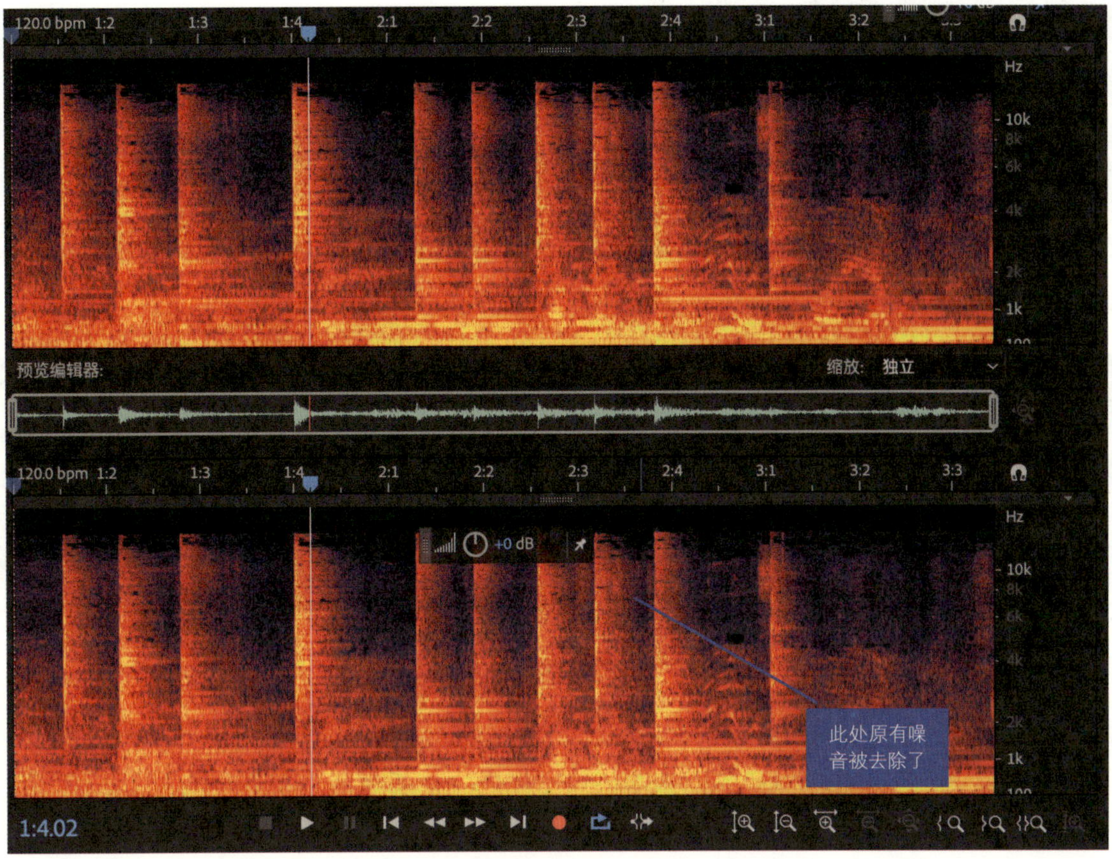

图 3-4-17　可视化图谱

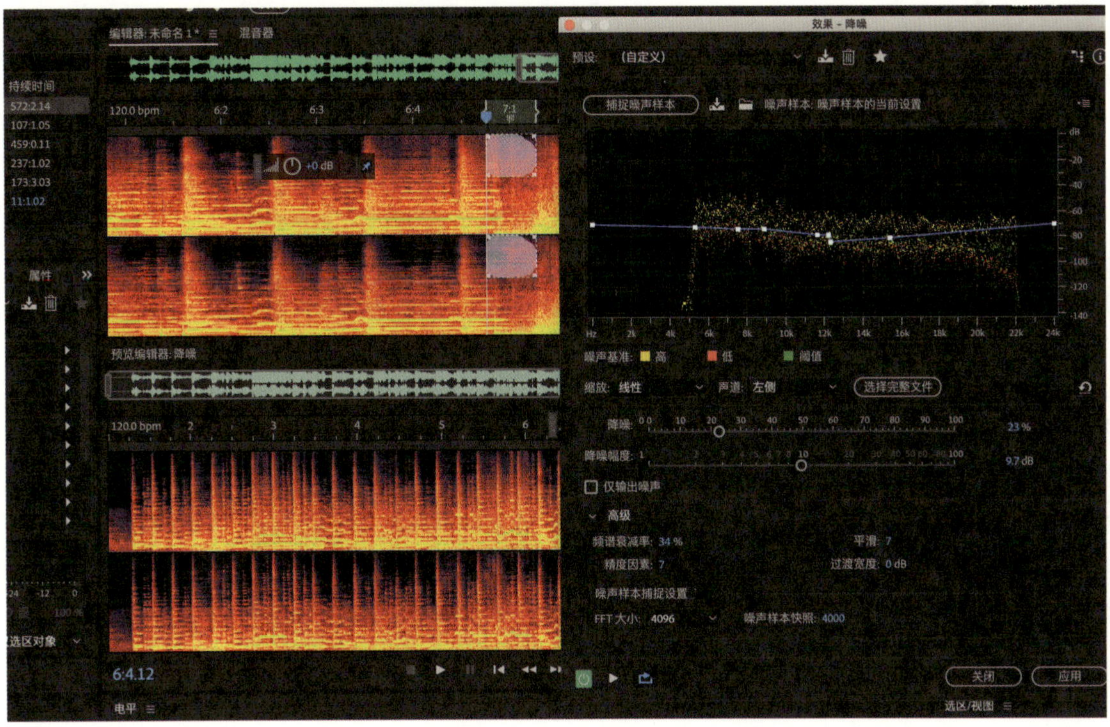

图 3-4-18　再次降噪

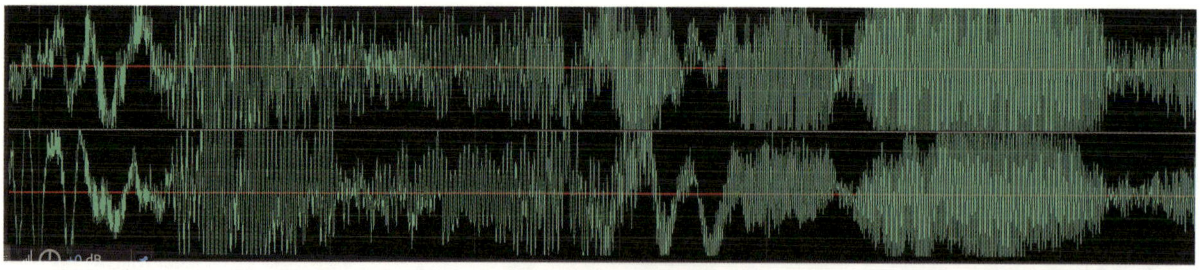

图 3-4-19　初始音频

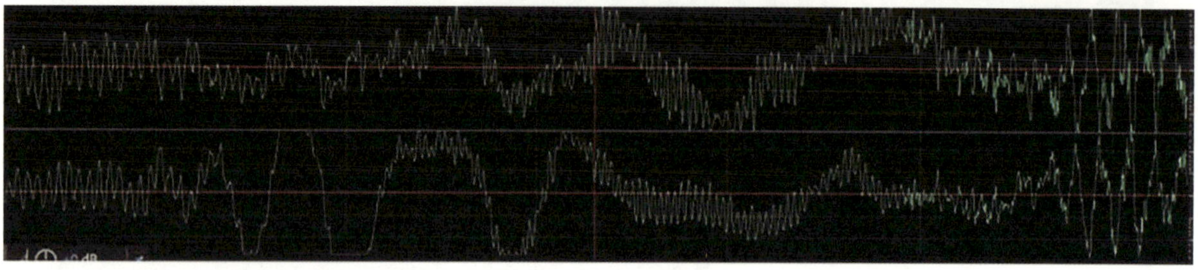

图 3-4-20　剪辑后音频

状况。不同种类的鸟鸣声在音频图谱中表现出不同的波长特征。自然环境中的鸟鸣声与人类行为相互作用，共同形成和谐共振。与此相反，工业活动产生的噪声对情绪和人类生活产生负面影响，而存在着鸟类和昆虫活动的地区则对人体产生积极影响，体现着良好的生态环境。在楚雄彝族地区，保护和监测鸟类活动对于维护当地自然环境至关重要。

此外，许多少数民族地区采用象形文字，并拥有各自的图腾符号。例如在广南县的壮族地区，鸟被视为他们的图腾，可以在各处看到采用鸟纹样设计的装饰品。这些文字和图腾符号是少数民族文化的独特表达方式，反映了他们的传统和身份认同。在处理音频文件时，我们无意间发现我国古人创立的文字与鸟鸣音频曲线不谋而合，如图3-4-21、图3-4-22所示。

在整个声音采集过程中，云南地区作为声音样

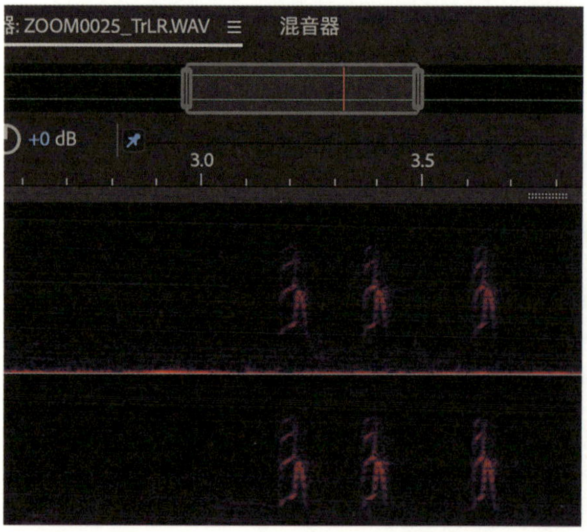

图 3-4-21　云南普者黑鸟鸣节奏图谱

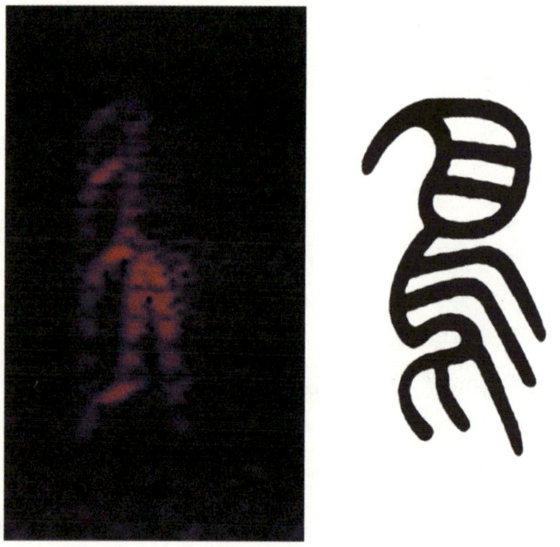

图 3-4-22　鸟鸣图谱与小篆字体对比

本，重点对丝绸之路上的几个重要地方进行了声音采集。我们对云南少数民族地区的生态景观环境、人文环境以及聚居族群的喜好进行了综合分析和研究。通过对采集到的多点、多元化的初始声音进行分类，建立了一个声景数据库。运用声音媒体艺术的方法，通过构建交互式声景地图的形式来传播这些声音数据。

商业活动在云南和新疆地区都是不够发达的，迄今为止，历史上丝绸之路的传统临时市集模式依然得以保留。少数民族市集中临时性的叫卖声是市集中出现的主声源，各种不同分贝的叫卖声也是一段可塑造的烟火气声景，加上有特色的民族歌舞声背景音乐，声音识别度非常高，如图3–4–23所示。

1. 少数民族地区民俗声景对比

在本研究中，我们着重记录了少数民族传统节日的仪式、民俗乐器、服饰以及舞蹈节奏等方面的内容。我们的研究重点是位于云南楚雄的彝族地区赛装节。我们对彝族传统节日服饰中的鸡头帽和马缨花图案的艺术特点，以及对民俗舞蹈的节拍等进行了详细记录。

此外，我们还着眼于彝族信仰中节日开始前的祭祀和祈福等活动方式的记录。我们将民俗声景研究作为切入点，探究云南少数民族地区特有的宗教庆典文化活动。在少数民族社区中，音乐和舞蹈是传播民俗文化的重要方式。一些地区甚至已经失去了自己的文字，因此口头传承成为保留民俗文化的重要手段，也是民俗文学的重要载体。

除了云南楚雄永仁的赛装节，我们还对其他传统节庆如火把节、插花节等进行了文献资料的搜集。在节日集会中，不同风格的音乐在彝族或壮族文化中充当着一种交流和表达情感的方式。由于聚落之间距离遥远、山路崎岖，在通信不发达的年代，传唱成为村落中重要的叙述、表达和沟通方式。在聚落举办重大节日时，声音瞬间压倒一切，音乐节奏成为声场的中心，独特的乐器演奏以及少数民族特有的舞步和劳作道具的表演形成了一种原始而激动人心的节奏。

赛装节的声音在直左声景分贝区域，如图3–4–24所示，可看出声景分贝已经是100%。

2. 自制民俗乐器的音调、韵律研究

通过月亮琴与弦子频谱对比，如图3–4–25所示，把视频导入音频软件中可以发现被剥离的音轨。

该音乐的整体风格欢快轻盈，声音清晰悦耳。它能够带来一种载歌载舞的愉悦氛围，成为少数民族日常娱乐的重要形式。在少数民族的节庆活动

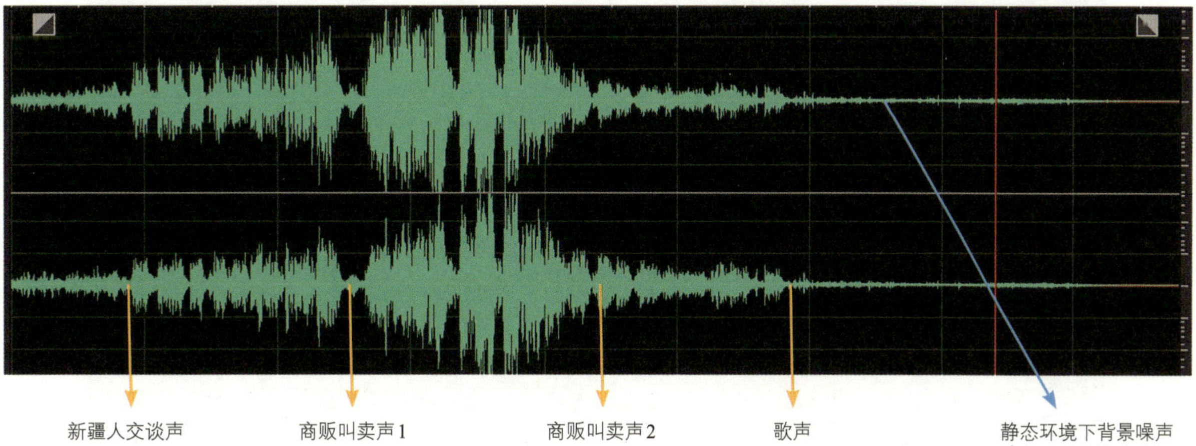

图3–4–23　音频分析

中，表演、歌唱、男女对唱以及传统乐器等多种方式被广泛运用，成为不可或缺的元素。因此，记录和保护这些节日活动对于传承和保护少数民族的传统文化和民俗活动至关重要。通过对比弦乐器，我们可以观察到明显的节奏感。在永仁节日庆典中，月亮琴声的音乐响起，为节日增添了愉快的氛围。所有的曲目由演奏者自己创作和演奏，如图3-4-26至图3-4-29所示。

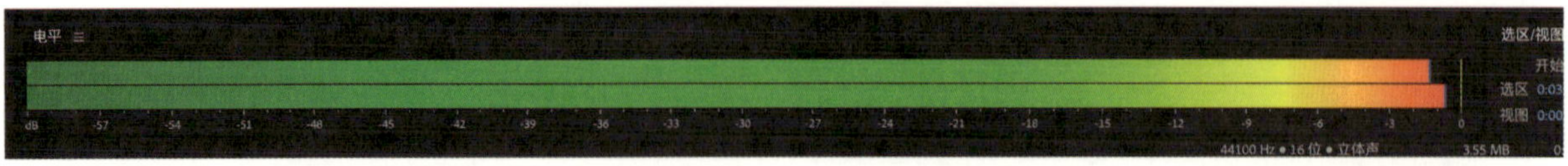

图 3-4-24　声景分贝

图 3-4-25　音轨列表

图 3-4-26　弦子节奏音频曲线在 Audition 软件中的变化

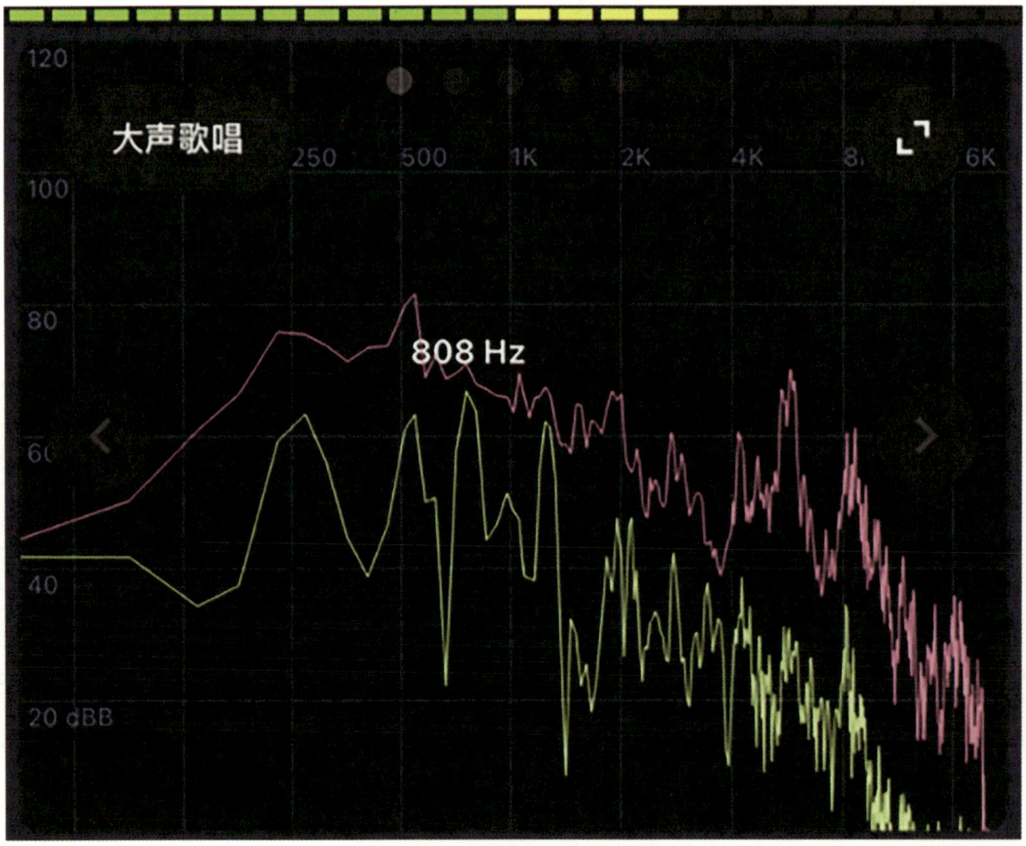

图 3-4-27　弦子节奏音频曲线值

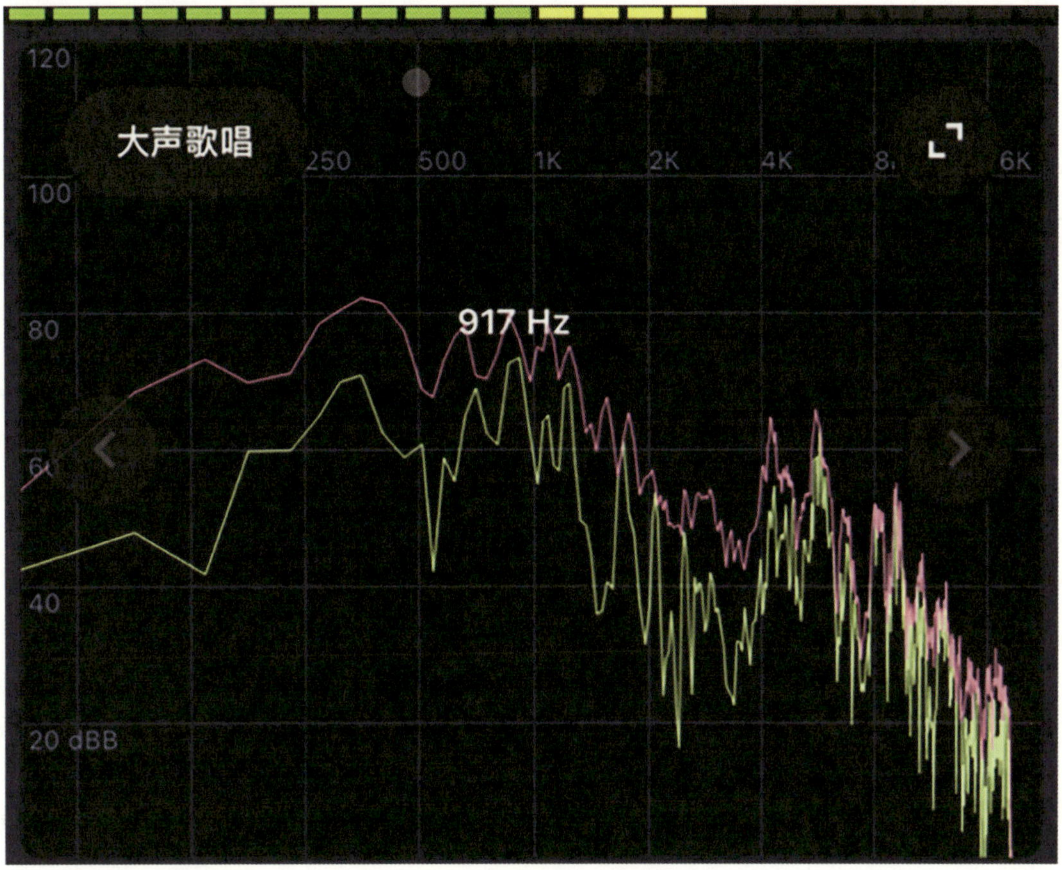

图 3-4-28　月亮琴节奏音频曲线值

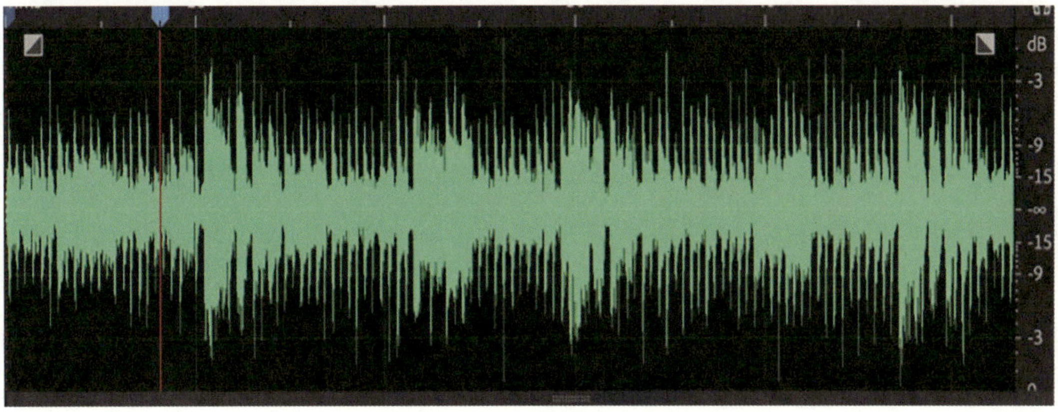

图 3-4-29　月亮琴音频曲线在 Audition 软件中的变化

歌声在民俗节日中扮演着重要角色，它是人们表达情感、讲述历史和传承民族文化的关键方式。在丝绸之路上的许多地方，土地辽阔，人烟稀少，人们每天面对着广袤的戈壁滩或壮丽的山川，在大自然的宏阔音域中展现出他们内心丰富的情感。

同时，我们进行了云南地区彝族和壮族的语言文字史调查，致力于提炼和总结他们民族性的文化元素。我们与精通彝语的长者展开口述实录，以保留和记录彝族传统语言文化的珍贵资料。

在壮族的研究中，我们将融入81个图像文字的坡芽歌书作为研究中传唱的重点。通过融合当地壮族教授的讲解、唱腔和音调，以及当地生态鸟鸣声，重新建立了丝绸之路坡芽歌书的传唱方式，为再现丝路之声带来了新的亮点。

坡芽歌书是壮族非物质文化遗产中的重要组成部分。它采用了男声、女声、情歌对唱等多种表现形式，展示了青年男女的生活和爱情，同时反映出农耕时代的文明和少数民族的智慧。

3.非物质文化遗产手工艺声景对比分析

保护地域的非物质文化特色声音具有极其重要的意义。在云南少数民族地区，存在着丰富多样的非物质文化遗产，然而，许多传统手工艺正逐渐被工业化生产所取代，因此面临着文化逐渐失传的风险。为了有效保护和传承云南少数民族地区的非物质文化遗产，尤其是彝绣、漆器制作和银饰制作等独特手工艺，我们进行了深入研究，并详细记录了相关的声音素材。同时，我们还采访了手工艺传承人，以深入了解他们手工艺技艺的起源、制作工艺等关键信息。

这样的研究工作对于保护和传承少数民族地区独特的非物质文化遗产具有重要意义，它能够确保这些声音和手工艺得到适当的记录和传承。这不仅有助于人们更全面地了解和欣赏这一文化遗产，还积极地促进了地域文化多样性和独特性的保护。

在新疆的一家纸厂里，我们可以听到有节奏的打纸浆声音。如图3-4-30所示，手工艺人的动作节奏平均，声音平缓，曲线均衡，这显示出他们非常熟练的技艺和匠心精神。手工艺作为非物质文化遗产的传承需要传统工艺人的倾注和专注。对这些声音的记录既是对其保护的一种方式，也是对传统工艺制作过程的一种表达。整个纸厂的声音环境相对安静，只有在音频采集中才能听到纸厂工人每道工序的声音，偶尔还会传来一些来自收音机的新疆小曲。从这些声音中可以感受到整个手工制作过程是非常传统的，具有非常慢节奏的特点，这与现代

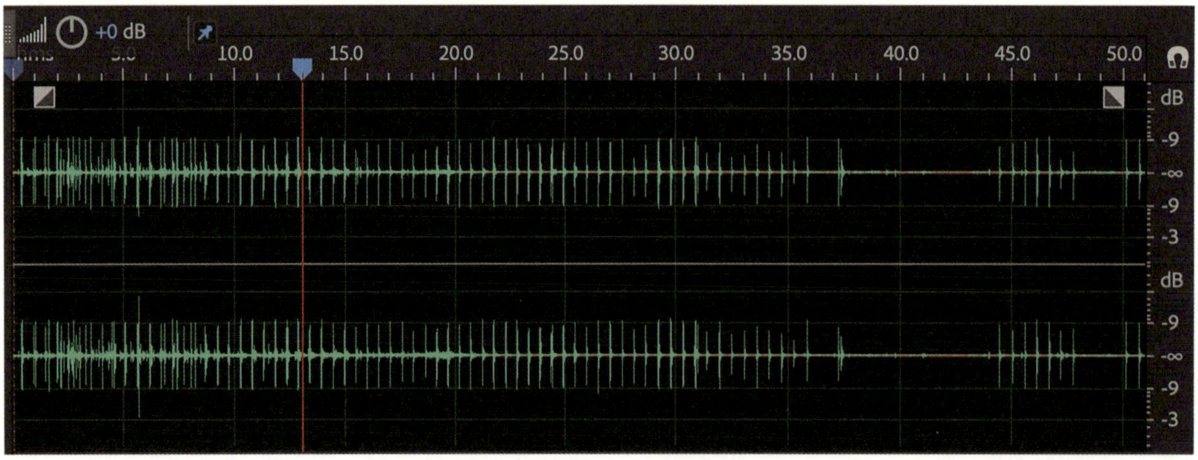

图3-4-30 新疆地区传统手工艺造纸厂声音图谱

工业化追求速度的方式截然不同。这些手工艺匠人对于生产制作过程的享受也体现了他们的匠心。这些声音的记录是对前人生活方式的一种纪念和传承。

云南的绣花厂是小型工艺作坊，因此整体的声音曲线较为复杂，许多人声和机器声混杂在一起，如图3-4-31所示。

通过对手工艺非物质文化遗产的声音记录、分析和研究，将这些声音纳入声音媒体库，并通过简单的二维码方式传播到世界各地。这种记录不仅是对丝绸之路手工艺匠人声音的记录，也是一种精神的传播。也许在欧洲某个角落的传统造纸作坊中，会有类似的技艺在日复一日地重复传统手工纸的制作和销售，而来自新疆和田墨玉桑皮纸厂的声音可能带来的是订单，也可能引发对传统技艺的思考，或者将其带入当代历史博物馆进行展示。

（二）鸟鸣声案例

为了有效地编辑声音，必须能够分析声音数据，需要在波形图谱中分析音频的图像，即将音频数据视为一系列图形或图像，并识别音频的特定方面，如频率、幅度和持续时间。通过分析这些图像，可以更深入地了解音频。

音频YULINR004MS记录燕子鸣叫声。剪辑过程：后面的人声去掉，从图中可以看出，前半段有规律、有点振幅的是鸟鸣声音，后半段明显高音的是对话声，如图3-4-32所示。

经过声音筛选后人声全部删除，得出一个新的文件YULINR004MS，长10.03秒，如图3-4-33所示。

鸟鸣1音频分贝最高，中间峰值出现较长时段高分贝，鸟鸣2持续中低分贝较多，鸟鸣3是群鸟的叫声，因此出现高低不等分贝，如图3-4-34所示。3段音频均截自原始声音采集。

音频YULINR005MS记录大雁和多种鸟鸣声。剪辑过程：无须剪辑。可以从图3-4-35中看出声音采集时周围较安静，几乎没有其他声音影响。总长共20秒。在Audition中单击声音反复听并记录峰值，如图3-4-36所示。

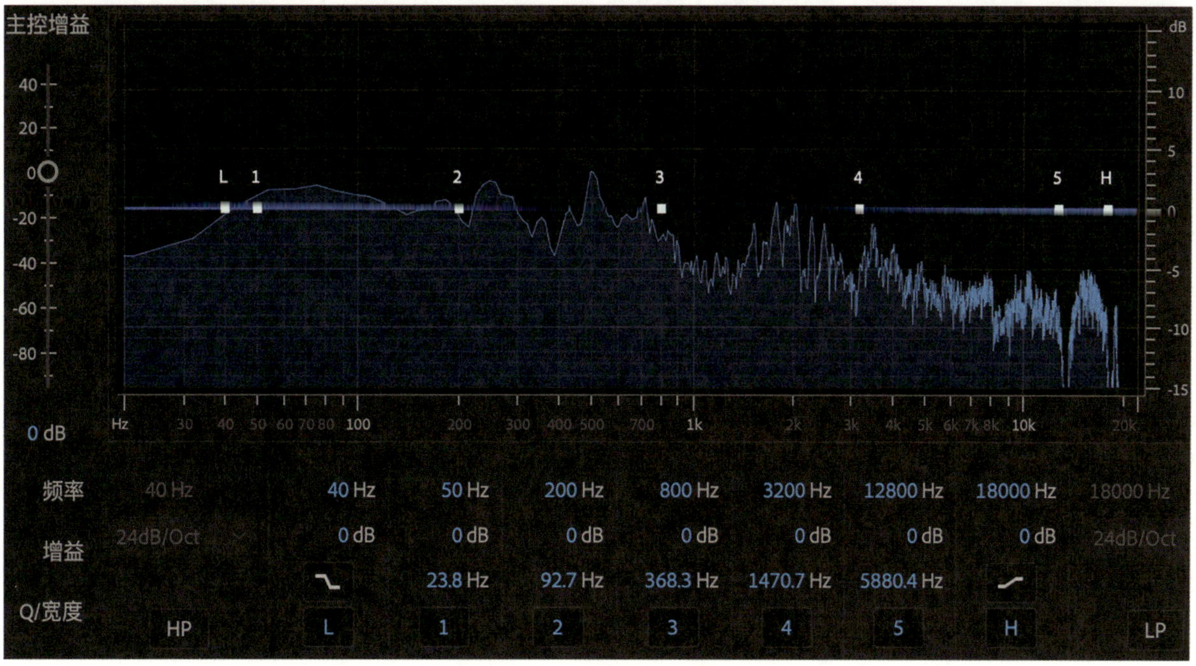

图3-4-31　抛花绣音轨观测

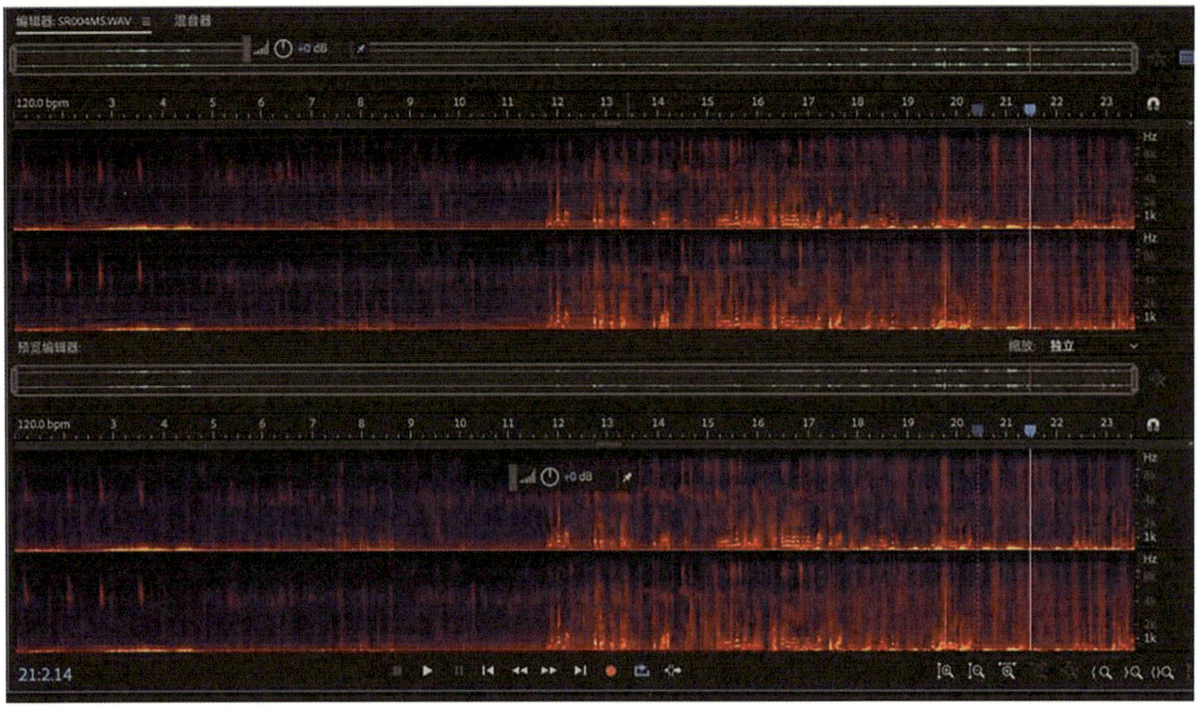

图 3-4-32　鸟鸣音频

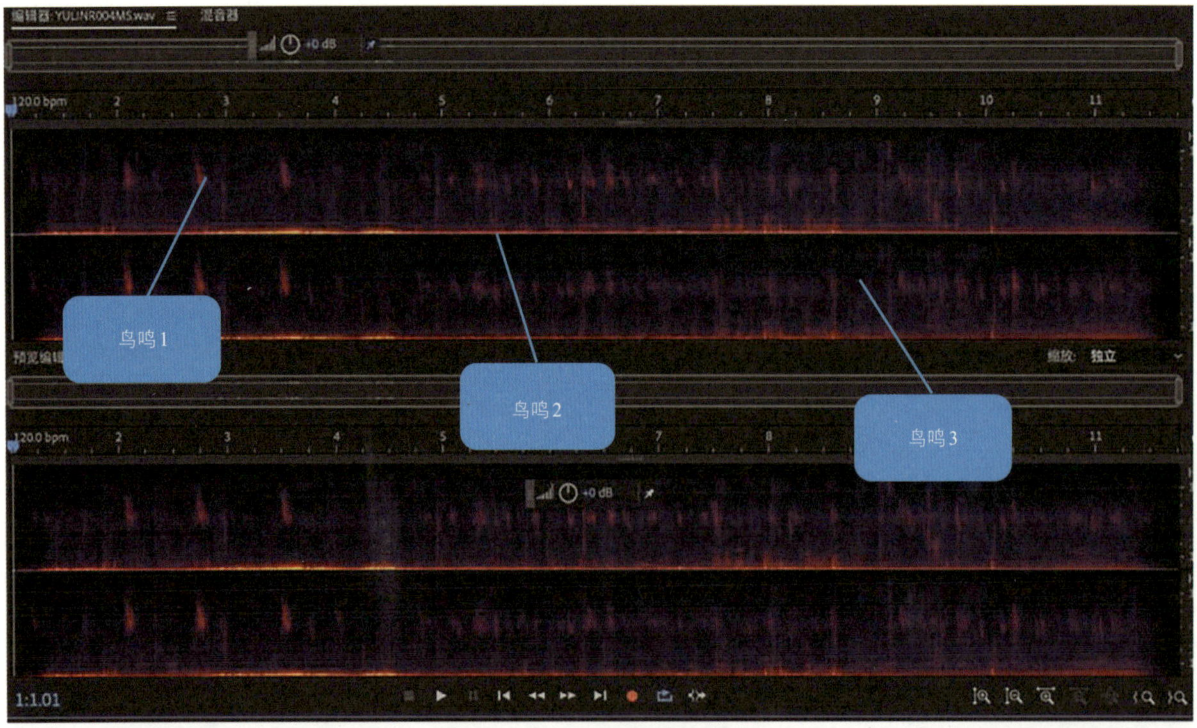

图 3-4-33　新音频文件

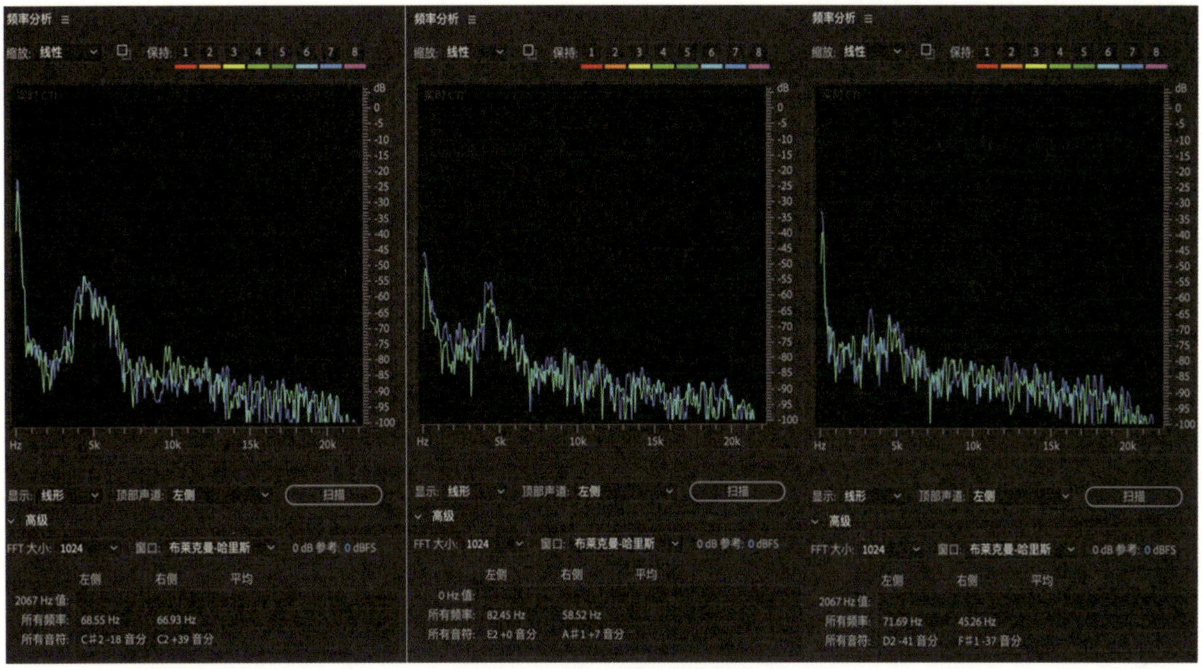

图 3-4-34　音频分贝对比

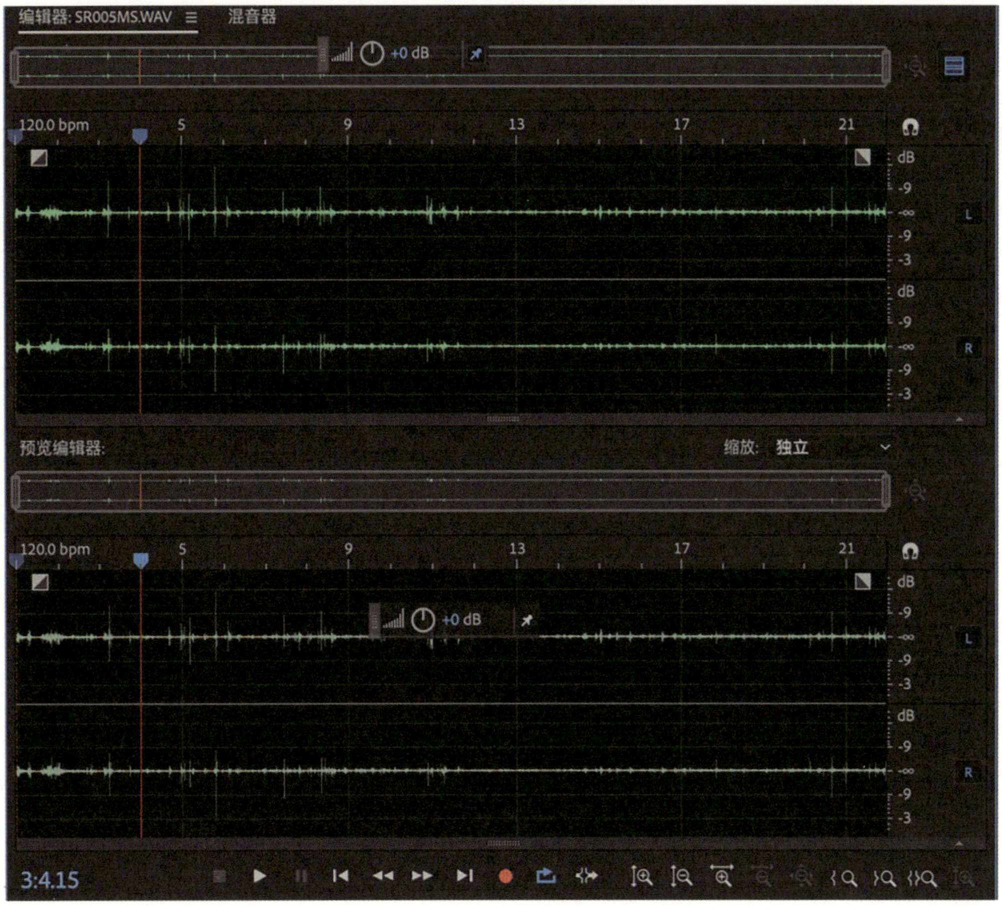

图 3-4-35　音频界面

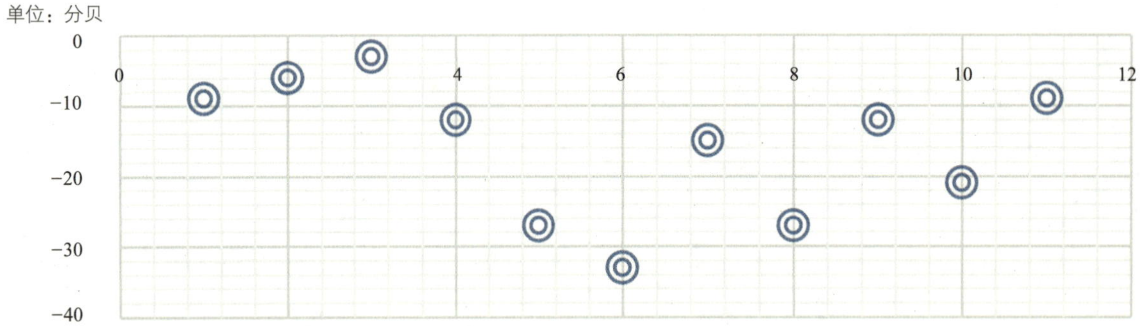

图 3-4-36　音频分析

课后习题：

1. 音频降噪处理的优势是什么？（　　）

A. 可以自动调整噪声的消除效果
B. 可以保留音频原始内容
C. 可以快速消除不同类型的噪声
D. 可以提高音频的音质和效果

2. 哪种方法可以在波形编辑器中进行降噪效果处理？（　　）

A. 自适应降噪
B. 动态处理
C. 变调器
D.EQ

3. 动态处理用来对声音的哪个部分进行处理？（　　）

A. 音调
B. 音量
C. 噪声
D. 频率

4. 变调器效果可以改变声音的什么？（　　）

A. 音量
B. 音调
C. 频率
D. 持续时间

5.EQ是什么的缩写？（　　）

A. 降噪器
B. 动态处理器
C. 变调器
D. 均衡器

6. 图形均衡器可以调节哪些频段信号的增益？（　　）

A. 音调
B. 音量
C. 频率
D. 持续时间

7. 参数均衡器与图形均衡器相比具有什么优势？（　　）

A. 可以自由设定频率值
B. 可以实现更精确的均衡效果
C. 可以处理多种类型的噪声
D. 可以快速调整音量和音调

实践题：

1. 采集和记录

（1）研究想要录制的特定元素（如传统音乐、方言、自然之声），并确定合适的地点和时间来捕捉声音。

（2）根据要捕捉的声音类型（如室内与室外、乐器与口语）选择合适的录音设备（如麦克风、录音机）。

（3）提前进行踩点，在合适的位置架设录音设备，并在录音前测试音质。

2. 音频编辑

（1）将录制的材料导入音频编辑软件。

（2）聆听每个片段，并选择每个片段中最好的部分用于最终产物。

（3）调整音量级别以确保所有声音都清晰且平衡。

（4）使用降噪工具消除不需要的背景噪声。

3. 音频分析

（1）使用音频分析工具研究音频的具体特征，如音调、语速和声波图谱。

（2）将录制的声音特征与其他同类文化声音的特征进行比较，以确定任何独特或明显的特征。

4. 实践活动

小组协作，对当地文化或节日活动实地考察，可以录制现场表演和声音。以创造性的方式展示最终产品，如制作成播客或声音标签来展示音频。

第四章　设计与实训

第四章　设计与实训

本章概述

本章全面系统地介绍项目实训的要点，强调实训的核心内容，使学生能够专注于关键的实际技能和知识点。通过深入研究西安调研案例、分析获奖学生作品案例，激发学生创造性思维和设计能力。

在实训课程中，清晰详细地阐述声音标签的制作过程，确保学生熟练掌握该关键技能。引导学生理解并能够灵活运用设计原理，理解声音雕塑设计概念，并通过对声音博物馆设计的欣赏和分析，培养学生对声音艺术的深层次理解。

学习目标

激发学生从实际案例中获取设计灵感的能力。实践设计调研声音采集路线，通过实地调研、声音采集、声音分析和应用Audition数字音效剪辑软件，熟练掌握软件技能。通过筛选、归纳总结，建立独有数字声音媒体库，设计声音标签，并在此基础上设计“声音博物馆”，以虚拟数字博物馆形式线上展示特有声音，培养学生对声音艺术的深层次理解。通过有针对性的作业，巩固学生在实训过程中所学到的知识和技能。

第一节　项目实训

一、实训概况

声音媒体艺术是一个相对抽象的研究领域，通过运用艺术人类学、心理学、艺术美学等理论作为研究基础，对丝绸之路上的历史声音进行深入研究和分析。该研究旨在比较同一地区不同类型的声音，并从中提取核心声音要素，同时对一带一路沿线不同地点的声音在不同时间段进行比较。在长期的研究中，可以对同一地点进行连续声音监控，特别关注季节气候变化、民俗节日和城市结构变化对声音的影响。

为了有效设计声音走访路线，调研数据需要进行分类整理。在同一地点采集的声音资料可以按照类别进行归类，以便进行详细的分析。此外，还需整理实地调研资料，对声音采集数据进行大数据分析，通过科学的方法发现声音之间的相似性和差异性。以兰州为例，声音采集可以包括中山桥景点的人文声音和正宁路夜市的声音。夜市及其周边的少数民族聚居区可能存在相似的声音特征。在后期的声音研究中，可以将两个高原湖泊的声音景观进行对比分析，如青海湖和洱海。同时，考虑地域和海拔的不同，探究它们之间的声音差异，并深入研究生态声音景观。自然景观中出现的鸟类和昆虫等声音，对于生态保护具有重要意义。

此外，观察丝绸之路上阿拉伯文化的物质遗产在历史演变中的保存情况和即将消逝的部分。通过个案研究，可以通过声音文档、图片记录等方式向世人展示声音媒体艺术在丝绸之路上的研究成果。通过这样的研究，我们能够揭示丝绸之路上声音的重要性，并提供宝贵的文化和艺术见解。

（一）调研内容

本案例横跨中国几个省，以一带一路几个典型区域为研究对向，从上海出发，途经河南省、陕西省、甘肃省、青海省、云南省、湖北省，以及浙江省、江苏省。从南到北，一直延伸到西北地区。分几条主线走访丝绸之路，进行声音数据采集分析。其声音采集点各具特色，有少数民族聚居区，古代重要边关、都城，历史文化遗产，宗教寺庙及省重点博物馆等。同时根据季节、特殊节日以及交通工具等及时做出路线调整。

（二）调研地点

通过前期初次调研对西安声音样本采集的分析、总结，设定了8次研究路线，4次长线，其后期声音由研究团队统一处理。

第一次走访线路：

上海—西安，从海上丝绸之路起点到陆上丝绸之路起点。尝试性声音采集、口述历史等记录。

第二次走访线路：

上海—洛阳龙门—兰州—西宁—青海湖—丹噶尔古城—柳园—敦煌市区—敦煌瓜州县—雅丹地质公园—榆林窟—锁阳城—莫高窟—鸣沙山—月牙泉

第三次走访线路：

上海—云南昆明—云南楚雄永仁县城—楚雄永仁县直苴村—凉山彝族自治州—大理白族自治州—喜洲古镇—大理洱海环海路—双廊古镇—挖色古镇—下关—寂照庵

第四次走访线路：

上海—武汉—湖北省博物馆—咸宁火山温泉景区—小朱湾镇—大余湾镇

第五次走访线路：

上海—景德镇—湾湖景区—瑶里古镇—景德镇陶溪川—千岛湖

景德镇作为中国瓷都，在历史上和世界上都享有盛名，地处江西省，所以单独划分这块区域进行研究分析。

（三）样本选取

可根据西安声音采集的经验，在进行声音采集时，除大型表演、文化活动、人物采访、口述类型的声音以其原始时长为采集片段以外，其余声音以短、反复、主要声源为采集方向。在自然生态环境中，对鸟鸣声、虫鸣声、风声、水声这种较明显声源进行数据采集分析；城市文化环境中的一些工业声音、市集声音、人类活动声音作为主要声音采集对象；相对一些历史建筑、历史文化名城、博物馆类，以口述、人文活动为主。

声音调研包括观察、实验、声音采集实施到最后数据完成，分析被调研地点声音的组成，提炼主要声音片段及地标名片，得到的是声音媒体艺术中的“原始声音片段”。假设调研结构合理，经过全部数据整理后，得出的应是一套经过优化的、可以建立声音媒体库的有效声音，如表4-1-1所示，从而完成用声音媒体艺术再现丝路之声。

二、实训重点

声音标签的设计旨在便于整理和展示录入声音媒体库中的声音。案例以丝绸之路的实践为基础，建立一套完整的声音媒体艺术创意实践体系，并总结声音媒体艺术采集类型、采集设备、采集方法以及声音标签的建立。通过数字媒体艺术方法将采集

表4-1-1 制作的有效声音

有效声音序列编号	声音名称	日期	天气	声音类型	坐标Google
1	180116-094514南京南	2018年1月16日	雾霾	人文环境	34°15'09.9"N 108°57'09.7"E
2	180116-110208徐州东b	2018年1月16日	雾霾	人文环境	
3	180116-140556火车行进声音b	2018年1月16日	雾霾	人文环境	
4	180116-170358钟楼广场白天	2018年1月16日	雾霾	人文环境	
5	180116-172743回民街吃饺子	2018年1月16日	雾霾	人文环境	
6	回民街打铁	2018年1月16日	雾霾	人文环境	
7	题头	2018年1月17日早上	雾霾	人文环境	
8	市政府门前小广场，有人	2018年1月17日早上	雾霾	人文环境	
9	街头人声	2018年1月17日早上	雾霾	人文环境	
10	卧龙寺门前女信徒念佛	2018年1月17日早上	雾霾	人文环境	
11	卧龙寺碑林附近	2018年1月17日早上	雾霾	人文环境	
12	西安碑林博物馆门前鸟鸣，附近狗的叫声，人声	2018年1月17日早上	雾霾	人文环境	
13	文昌门城门楼上过往车声	2018年1月17日早上	雾霾	人文环境	
14	回民街白天1	2018年1月17日早上	雾霾	人文环境	
15	回民街白天2	2018年1月17日早上	雾霾	人文环境	
16	打糕声	2018年1月17日早上	雾霾	人文环境	
17	打银器和打糕声	2018年1月17日早上	雾霾	人文环境	
18	打花生酥声	2018年1月17日早上	晴	人文环境	
19	化觉寺前化雪声	2018年1月17日早上	晴	人文环境	
20	大雁塔北广场前喷泉和民众	2018年1月18日晚上	晴	人文环境	
21	大雁塔北广场前喷泉曲目二	2018年1月18日晚上	晴	人文环境	
22	大雁塔北广场前喷泉曲目三	2018年1月18日晚上	晴	人文环境	
23	大雁塔公园鸟叫声	2018年1月19日	晴	人文环境	
24	大雁塔公园远处钟声	2018年1月19日	晴	人文环境	
25	大雁塔塔外不同鸟鸣声	2018年1月19日	晴	人文环境	
26	大雁塔公园外裙房化雪	2018年1月19日	晴	人文环境	
27	登大雁塔脚步声	2018年1月19日	晴	人文环境	
28	小雁塔周围鸟鸣	2018年1月19日	晴	人文环境	
29	小雁塔公园水塘老伯船上化雪声	2018年1月19日	晴	人文环境	
30	小雁塔公园内鸟鸣	2018年1月19日	晴	人文环境	
31	小雁塔公园内敲钟声	2018年1月19日	晴	人文环境	
32	鼓楼乐器市场	2018年1月19日	晴	人文环境	
33	出租车司机讲故事	2018年1月19日	晴	人文环境	

到的声音艺术化，并结合装置艺术设计进行声音媒体艺术装置的设计。

在进行声音标签的设计时，根据地域进行分类，以便展示特定地点的丰富声音。在整个研究过程中，按照地点进行走访和声音采集，记录声音并学会比对和分析，需要一定的积累过程。只有在研究多个地点的声音片段之后，才能积累经验并进行剪辑，从中发现一些地方特有的声音特征，如某些地方的风声明显，有些地方的市集叫卖声类似，还有些地方鸟鸣较为频繁。根据主要的研究方向和方法，我们将“再现”“丝绸之路”“声音媒体艺术”作为研究的重点，因此将声音标签设置成不同的颜色来区分地域。通过这种方式，我们能够快速查找并了解特定地点的声音种类以及整个城市的生态环境。

案例中设计了多种不同版式的声音标签，突出了图片、声音名称、采集者等信息。所有的声音标签均以PDF格式进行存档。对于榆林窟的声音标签设计，考虑到其位于沙漠地区，选择了与地理地貌相近的颜色作为主要设计元素，如图4–1–1、图4–1–2所示。

对新疆手工艺非物质文化遗产的声音采集与保护做了解释和声音编辑。扫描二维码可以听到工厂水声。每条声音的标题应该都有一段话，声音采集者用普通话记录了当时的环境时间和声音内容。

以上是两种不同的声音标签排版方式，第一种更具中国设计特色，第二种则更符合国际标准。鉴于声音标签将用于声音博物馆展览的准备工作，因此在后续的所有标签中，我们以第二种方式作为模板。为了满足展览的需要，每个标签上都会包含中英文的声音描述。

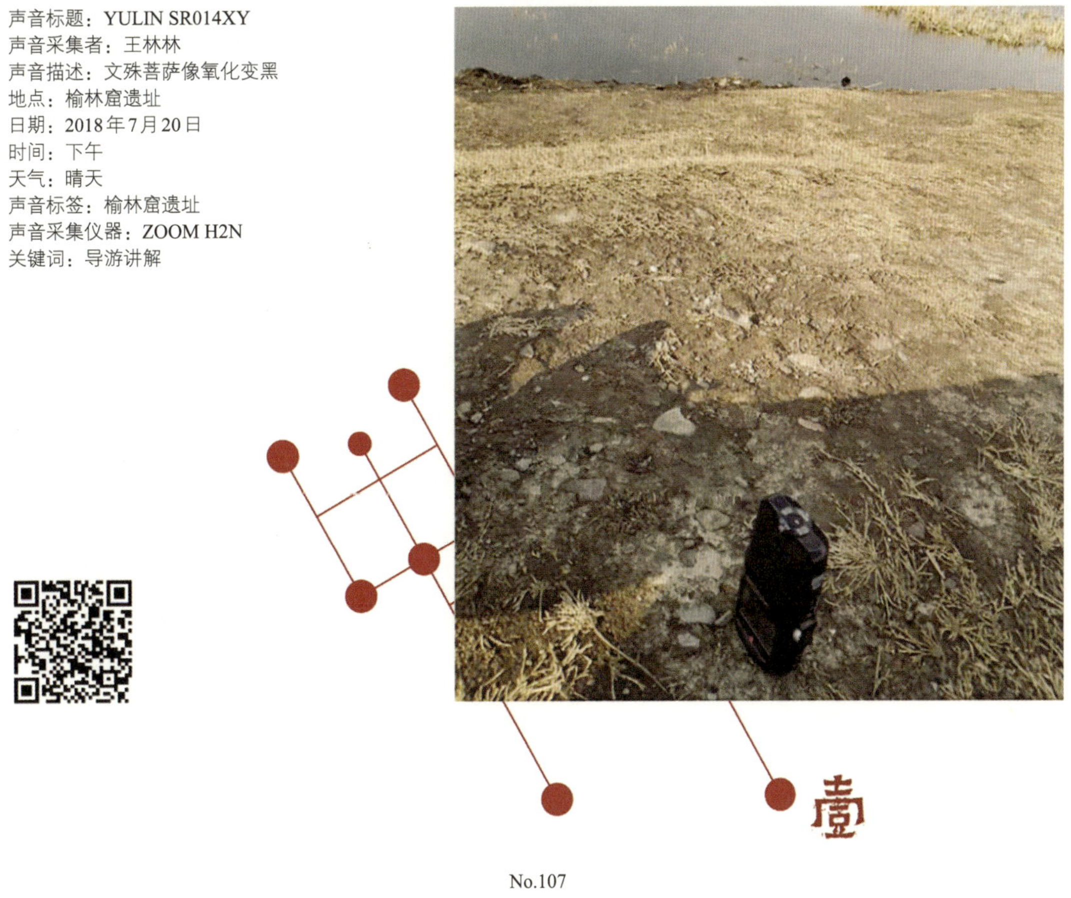

图4–1–1　榆林窟声音标签

声音标题：FABRICA DE PAPER
声音采集者：Josep Cerda
声音描述：水声
地点：新疆
日期：2019年11月20日
天气：晴天
声音标签：乌鲁木齐
关键词：水

声音类型

- 自然的声音环境
- 文化的声音环境
- • 工业的声音
- 声音事件
- 节日声音
- 超市的声音
- 乡下的声音
- 生态环境声音
- 特有文化声音
- 声音符号
- 历史的声音
- 口述声音

图 4-1-2　新疆声音标签

第二节　设计案例

一、西安调研案例

西安作为唐代都城，是丝绸之路的起点，而兰州则是中国北方少数民族聚居的重要地区。相比西安，兰州市更具少数民族特色。敦煌位于古代丝绸之路的重要关卡，其市集从古至今一直保持活跃状态，为我们提供了一个理想的研究对象。兰州的中山桥景观更现代化和亲民化，利用灯光与人景互动。而敦煌地区则展现了沙漠绿洲的景观，为身处黄沙之中的人们提供了一片美丽的绿色区域。在这些地方，分贝值较低，环境较为宁静，甚至可以清晰地听到狗吠声和儿童的欢笑声。在调研途中，作者进行了西安调研地图制作，如图4-2-1所示。

声音采集日期：

2018年1月16日上海—西安火车站点、报站声

2018年1月17日回民街夜市、钟楼地下通道

2018年1月18日市政府门前广场、卧龙寺、碑林博物馆、文昌门城门楼

2018年1月19日回民街—大皮院清真寺、化觉寺等回族聚居区域，因为刚下过雪，所以采集到很多雪化的声音

从集市起点开始，缓缓穿行在人群和市场摊位之间，记录着各种吆喝声、炒菜声，以及传统作坊中银器和糕点制作的声音，同时夹杂着来自不同地方游客的说话声。在城市中，市集聚集的地方方言更加常见，体现了浓厚的地方风土人情。声音的高低此起彼伏，叫卖声和用餐者的声音交织在一起。水流动的地方有更多的人在活动，声音也更为密集。在回民街的夜市，每经过一处特色小吃摊位都会采集一段声音。采集到的大部分声音包括行走的脚步声以及包和手臂之间摩擦的声音。因为这些声音的分贝非常高且与采集的距离近，后期处理中难以完全消除。

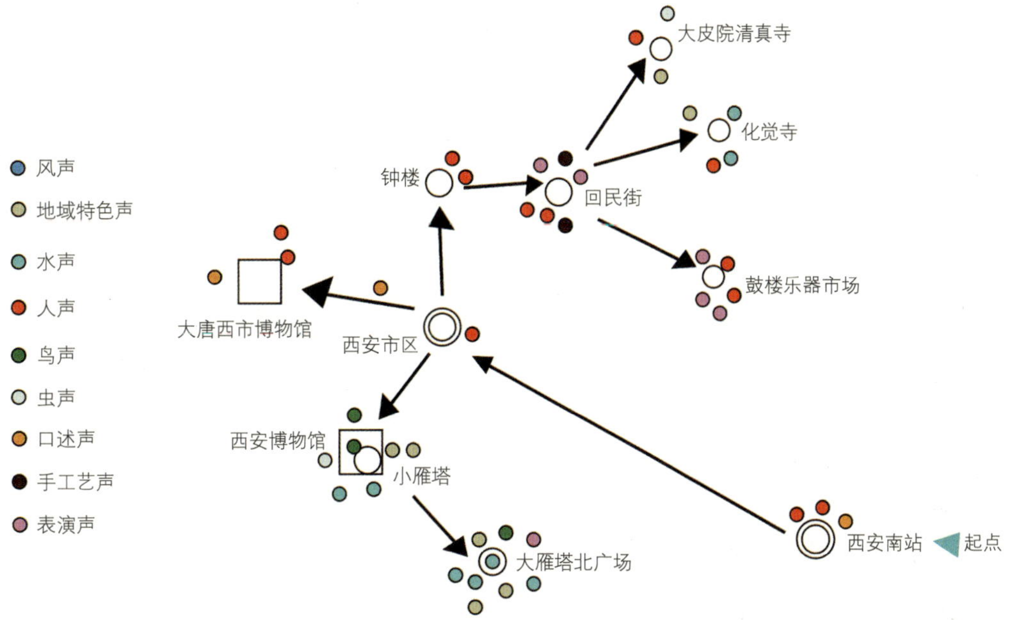

图 4-2-1　作者设计的西安调研地图

在西安的乐器市场，可以聆听到各种传统和古典乐器的美妙音色，不同乐器演奏者的技艺使得空气中充满了音符的韵律，与人群的喧闹声融合在一起，营造出热闹的氛围。这个市场是汉族和少数民族文化交汇的瑰宝，展现了“一带一路”声音文化的精髓。在这里，可以欣赏到融合各个地区特色的乐器，尤其是穆斯林乐器，它们是西北地区文化交流与融合的重要组成部分。此外，乐器市场中充斥着谈话声、试音声、合奏声和店主耐心讲解的声音，这些声音共同构成了乐器市场独特的音乐氛围，如图4-2-2所示。

2018年1月21日，在西安博物馆、大唐西市博物馆和出租车上，对一些令人印象深刻的场景进行了声音采集。使用高分贝的H2N录音设备，捕捉到大雁塔和小雁塔周围古刹中动态和静态之间鲜明的对比。一侧是宁静祥和的小雁塔，不时传来鸟的鸣叫和轻柔的钟声，营造出一种宁静的氛围；另一边的大雁塔北广场有一个令人惊叹的音乐喷泉，将水声和音乐完美融合。北广场作为通往大雁塔的公共区域，给游客提供了身临其境的体验。喷泉的壮观景象与寺庙的宁静氛围相互融合，创造出独特而令人难忘的环境。

二、获奖作品案例

“丝绸之路声音景观地图之沙漠区域”是研究者带领4名学生，于2019年研发的声音地图项目，其展示方式以单机版网页形式打开，里面嵌入声音模块、现场记录图片以及地点图标。以高德地图为基本坐标，突出展示了敦煌莫高窟、雅丹古城、瓜州古城、锁阳城区域声音景观。如图4-2-3所示，网页右侧为声音二维码，由原始声音采集后，经过剪辑和声音处理，导出二维码，作为地图显示区域声音景观记录。观众可以通过听觉的方式更深入地感受和理解丝绸之路的历史和文化。这种多媒体的交互方式使得网页声音地

图4-2-2　乐器市场

图更加生动和引人入胜。这个交互式网页声音地图为观众提供了一个全面且引人入胜的平台，使他们能够更加深入地了解丝绸之路的丰富文化遗产以及它在人类历史上的重要意义。观众可以通过图像、文字和音频的组合，以及可访问的二维码，获得更全面、立体的丝绸之路体验。

在制作声音中需要把原图片剪切成适合的尺寸，并做好标记以及整理出对应的音频及二维码，如图4-2-4、图4-2-5所示。

将整理出的声音文件二维码和图片文件进行云存储，声音二维码由“百度”“草料”二维码付费使用产生永久二维码，从而所有声音上传到“草料”云平台，生成声音二维码，在网页交互设计上就不需要再导入较大的.wav或.mp3文件。

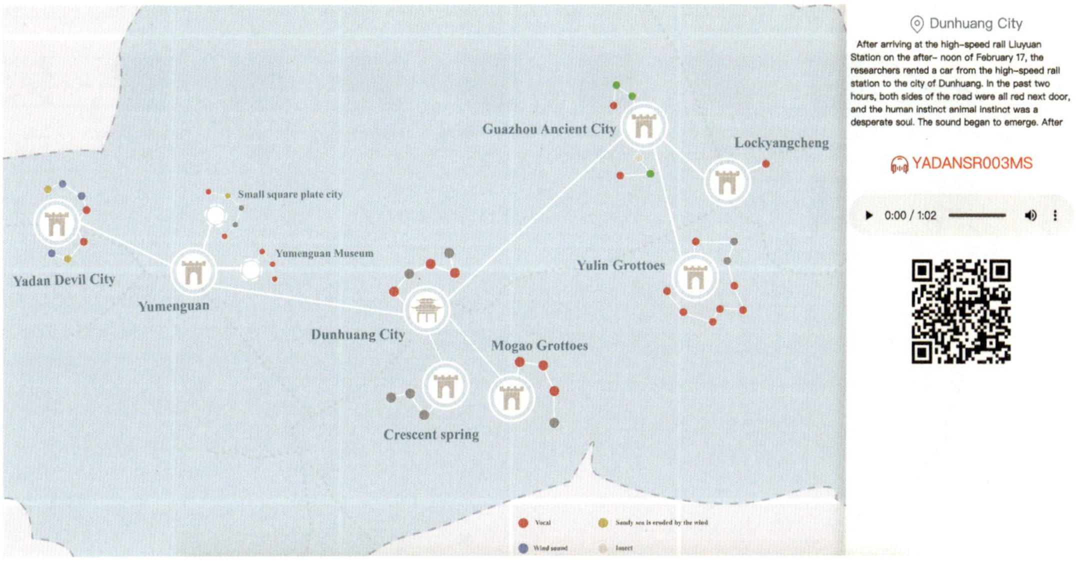

图 4-2-3　交互式网页声音地图

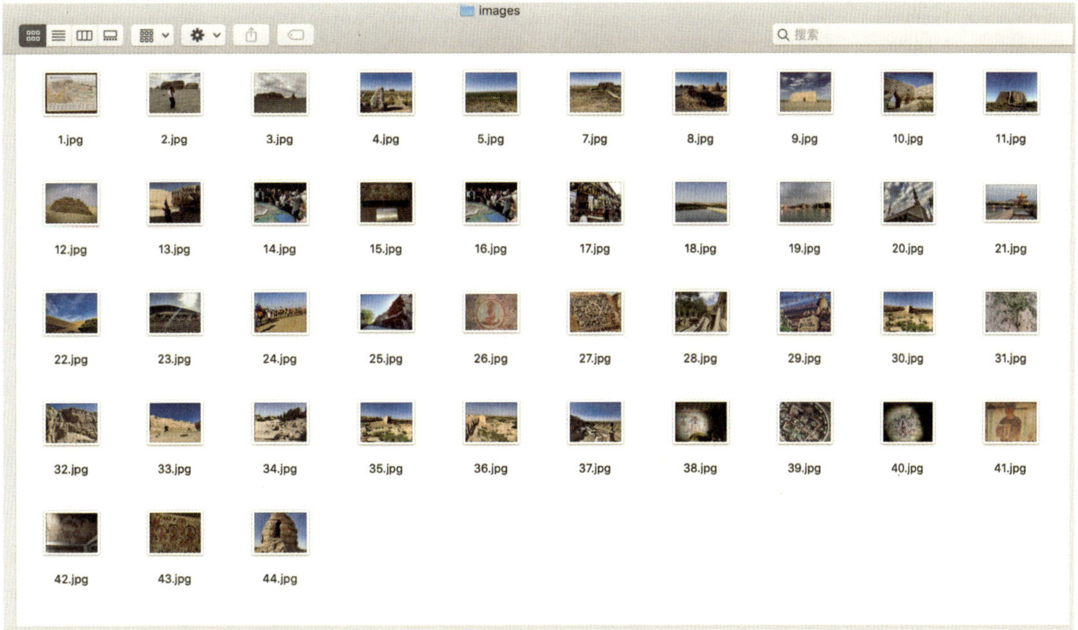

图 4-2-4　图片整理

codeImgs
搜索
DUNHSR028MS.png
DUNHSR029MS.png
DUNHSR029XY.01.png
DUNHSR030MS.png
DUNHSR032MS.png
DUNSR0016MS.png
DUNSR0022MS.png
DUNSR0026XY.png
FangSR001MS.png
FANGSR0012MS.png
FANGSR0013MS.png
FANGSR0014MS.png
MOSR007MS.png
MOSR009MS.png
MOSR0014MS.png
SR001XY.png
SR003XY.png
SR004XY.png
SR013XY.png
YADANSR003MS.png
YADANSR004MS.png
YADANSR005MS.png
YADANSR006MS.png
YADANSR008MS.png
YADANSR009MS.png
YADANSR0010MS.png
YADANSSR007.png
YULINR003XY.png
YULINR004MS.png
YULINR005MS.png
YULINR006MS.png
YULINR007MS.png
YULINR0024MS.png
YULINSR001MS.png
YULINSR002XY.png
YULINSR008XY.png
YULINSR009MS.png
YULINSR0011XY.png
YULINSR0013XY.png
YULINSR0015XY.png
YULINSR0016XY.png
YULINSR0018XY.png
YULINSR0019XY.png

图 4-2-5　二维码整理

第三节 实训程序

一、制作声音标签

声音标签的设计至关重要，因为它作为音频信号的视觉表示，可以更有针对性和直观的方式提供有关声音的信息。一个设计良好的声音标签可以快速有效地让用户识别和区分不同类型的声音，使用户更容易理解音频信息。声音标签能够以视觉方式传达复杂信息，创造身临其境、引人入胜的用户体验。

案例一：与猫咪互动的声音采集

如图4-3-1所示，学生蒋心悦画了一系列自己与猫互动的卡通形象，图像中猫的动作和表情的细节令人印象深刻。猫兴奋时弓起的背、听蒋心悦声音时的歪头，都在暗示这是一只快乐又好奇的动物。图像中包含的二维码为作品增添了另一层吸引力。观众可扫描二维码访问录音，了解更多蒋心悦与猫的互动，这种吸引观众并为他们提供互动体验的巧妙方式，展示了蒋心悦的创造力和创新思维。她对细节的关注加上她的创造力，使这幅图像不仅捕捉到猫性格的本质，而且激起了观众的好奇心，使他们渴望更多地了解作品背后的故事。

案例二：街道小摊贩的叫卖声

对当地文化有着浓厚兴趣的学生李玉儒在假期中注意到空气中弥漫着街头小摊贩独特的叫卖声。抱着对这些声音的好奇心，他开始采集声音并用相机记录。他给摊贩和周围的环境拍照，并仔细记录每个摊贩的鲜明特征。之后，在纸上勾勒出摊贩的性格和职业，非常详细地描绘了他们的个性特征，同时在图上标出每个摊贩的位置。他还在地图旁边放置了二维码，任何人都可以使用智能手机扫描并聆听摊贩的实际叫卖声，如图4-3-2所示。通过这个项目，李玉儒旨在记录绵竹市及其街头小摊贩的独特文化。他也希望自己的作品能帮助人们欣赏和了解该市的历史和文化。

二、声音雕塑造型设计

随着人们精神和物质生活越来越丰富，公共艺术空间逐渐成为城市生活中不可或缺的一部分。声音雕塑是一门独特的艺术专业，将声音和雕塑结合创作，其重点在于创造声音体验而非视觉或触觉感受。

声音雕塑融合了表演艺术和音乐演绎的元素，与乐器不同，它不需要长时间的专业训练，任何感兴趣的人都可以解读和参与其中，无须依赖专业音乐技巧或评价分数。因此，在未来的美丽乡村振兴、大地艺术节和公共互动空间中，对声音雕塑的需求将会增加。声音雕塑不仅可以表达艺术和人文创意，还带来趣味性，引起参与者的兴趣。

声音媒体艺术是当代艺术家用声音作为思想表达工具和媒介的一种表现手法。它与人们的生活环境、社会状态、文化根源以及数字媒体技术密切相关。在丝绸之路上，声音媒体艺术对于非物质遗产的保护、传承和流传具有重要意义。结合雅丹魔鬼城的声景特点，我们可以进行声音雕塑的创意设计。

声音雕塑作为声音媒体艺术研究的重要组成部分，致力于探索新的声音表现方式，利用不同的物体或表现形式来挖掘独特的声音。它超越传统音乐学和乐理学的界限，成为当代艺术家表达思想的工具之一，与人们的生活、社会和文化紧密相连。

图 4-3-1　学生蒋心悦作品节选

图 4-3-2　学生李玉儒作品节选

在走访雅丹魔鬼城时，因风化等各种原因，这个地方除了沙漠，人烟稀少，如图 4-3-3 所示。此处没有植被和生活气息，唯一的声音就是大风声和嘈杂的游客声，还有玉门关附近背景环境音。研究者一直思考如何让大漠中的声音变得丰富起来，想到两点：一是沙漠中风声很大，所有导游都使用传统“扬声器”，即人们常说的喇叭作为讲解的主要工具；二是沙漠中最鲜明的标志是红色。基于以上两点，作者设计出声音雕塑模型样稿（东华大学黄更辅助完成），喇叭造型可以收集风的声音，也可以通过中空管道互相传递声音，如图 4-3-4、图 4-3-5 所示。此创作的目的就是要表达在大漠中打开丝绸之路上的历史声音。

图 4-3-3　雅丹魔鬼城

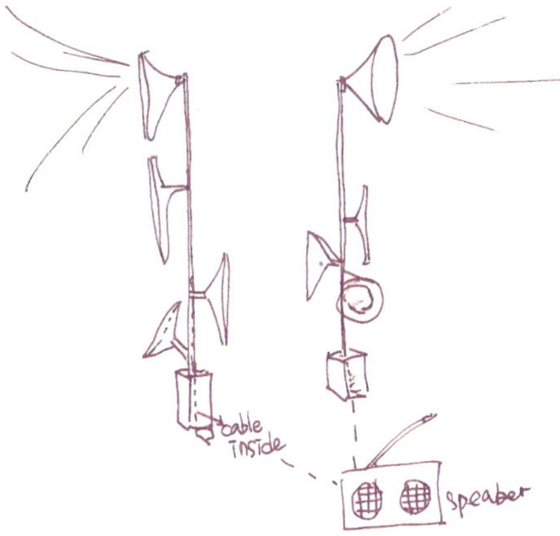

图 4-3-4　声音雕塑模型设计稿

三、声音博物馆设计

（一）商羽之音展览

本创意来源于路边儿童通过声音传导喊话的游戏，因此设计了一系列造型。目前，第一个图形设计已经转化成3D打印模型，并制作成1.8米高实物造型，如图4-3-6、图4-3-7所示。

（二）声音博物馆

研究者于2020年2月在巴塞罗那大学BOX4空间进行了第一次声音媒体艺术展览。海报和空间展示设计方案的每张图片上方都有一个扬声器，如图4-3-8所示。图片都是在丝绸之路上调研时研究者拍摄的重点区域或者较有代表性的。但因展览设备有限，实践时变成实物打印声音展签、一台投影仪展示声音地图和多个声音小雕塑的展示，如图4-3-9至图4-3-12所示。

经过第一次声音媒体艺术展之后，研究者开始思考，如何设计一个声音艺术博物馆可以与观众互动，并且可以在丝绸之路上某个点展示。

图4-3-5　声音雕塑渲染效果图

图4-3-6　声音雕塑“天空之口”设计草图

图4-3-7　声音雕塑“天空之口”

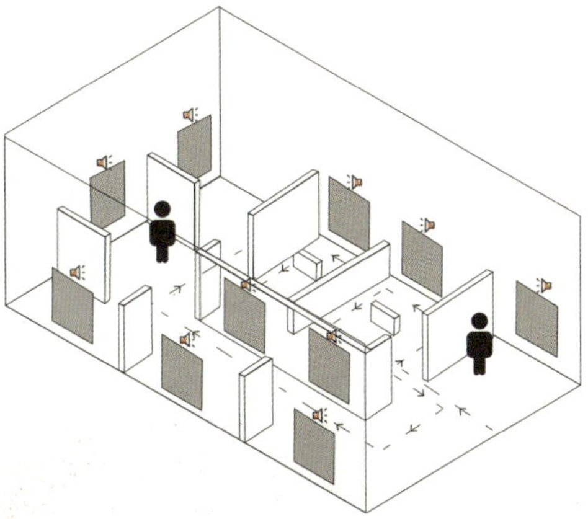

图 4-3-8　展览空间设计草图

图 4-3-9　巴塞罗那大学美术学院展览海报宣传

图 4-3-10　作者在巴塞罗那大学 BOX4 展厅布置展览现场

图 4-3-11　作者演示用声音雕塑实验作品发声

图 4-3-12　巴塞罗那大学声音媒体艺术展现场

研究者在2020年2月20日受邀参加Manresa小镇灯光艺术节，看到了艺术家Tom Carr的灯光艺术作品（图4-3-13）。Tom Carr将100多张作品经过电脑剪辑，利用投影灯光映射到一个宝石状的多面体上，通过光的变化展现了神奇的效果。受此启发，研究者开始运用Touch Designer交互多媒体软件和Arduino触控实验多面体，进行数字声音媒体艺术的实验。通过串口连接，Arduino向Touch Design软件发送数据。

实验需要利用触控开关来控制灯光的亮灭，准备器材为UNO板、杜邦线、感应器和灯，如图4-3-14、图4-3-15所示。

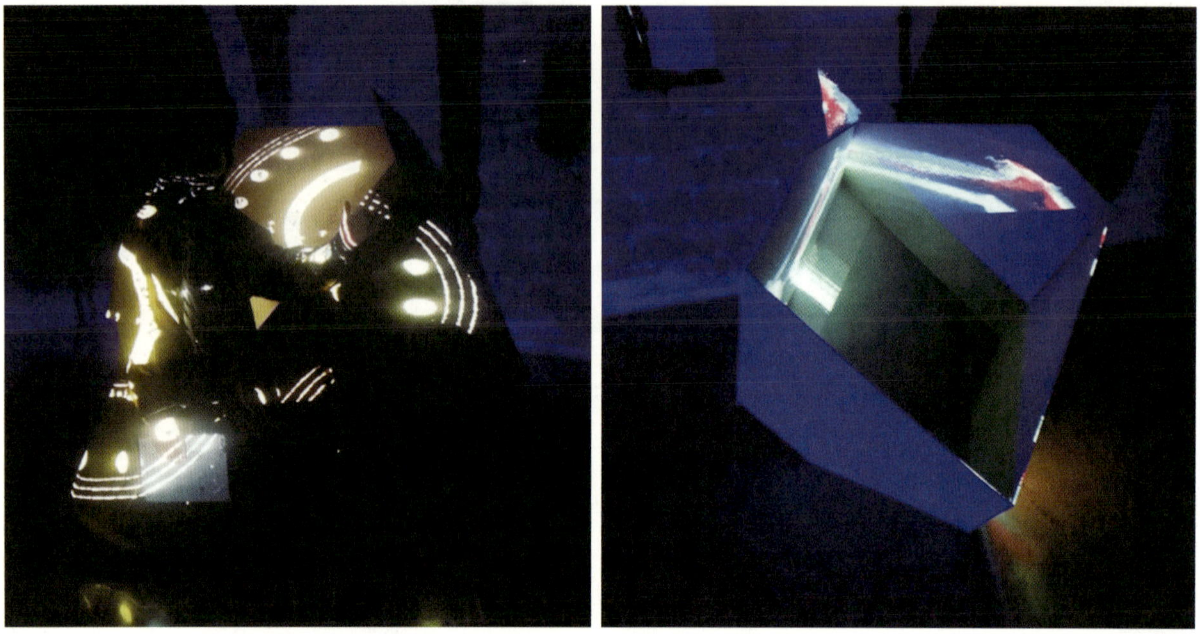

图4-3-13　西班牙艺术家Tom Carr的灯光艺术作品

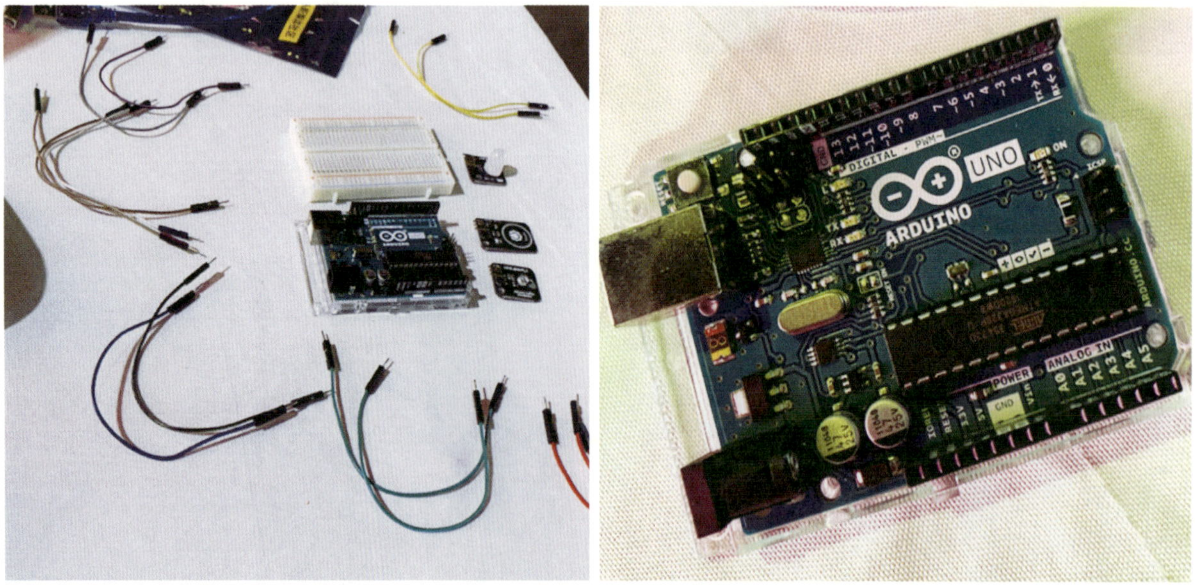

图4-3-14　实验需要准备的器材

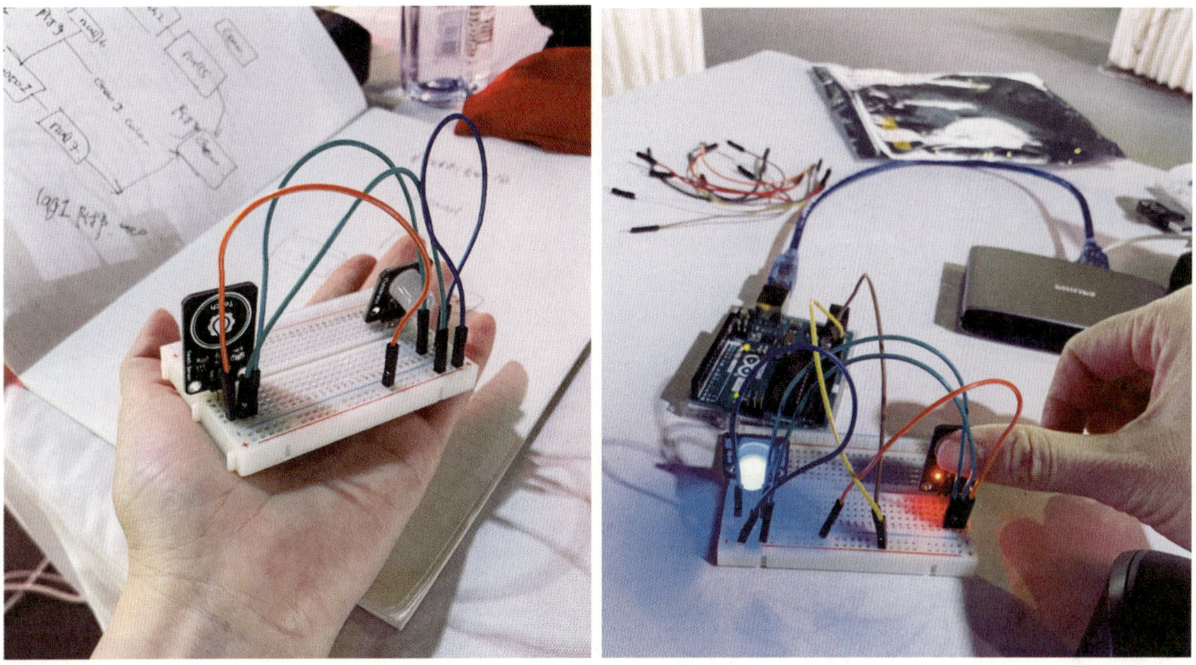

图 4-3-15　电路板正确连接后亮灯

Touch Designer 是一款节点可视化创作软件，可以实现人机交互、大型灯光舞台演出、三维实时渲染。研究者希望通过此款软件实现一带一路声音媒体艺术声音、光交互实验。

简单的节点程序设定后打开前视摄像头进行人机交互实验，观测数据值变化，如图 4-3-16、图 4-3-17 所示。

以多面体为载体，将色彩、声音投在多面体上

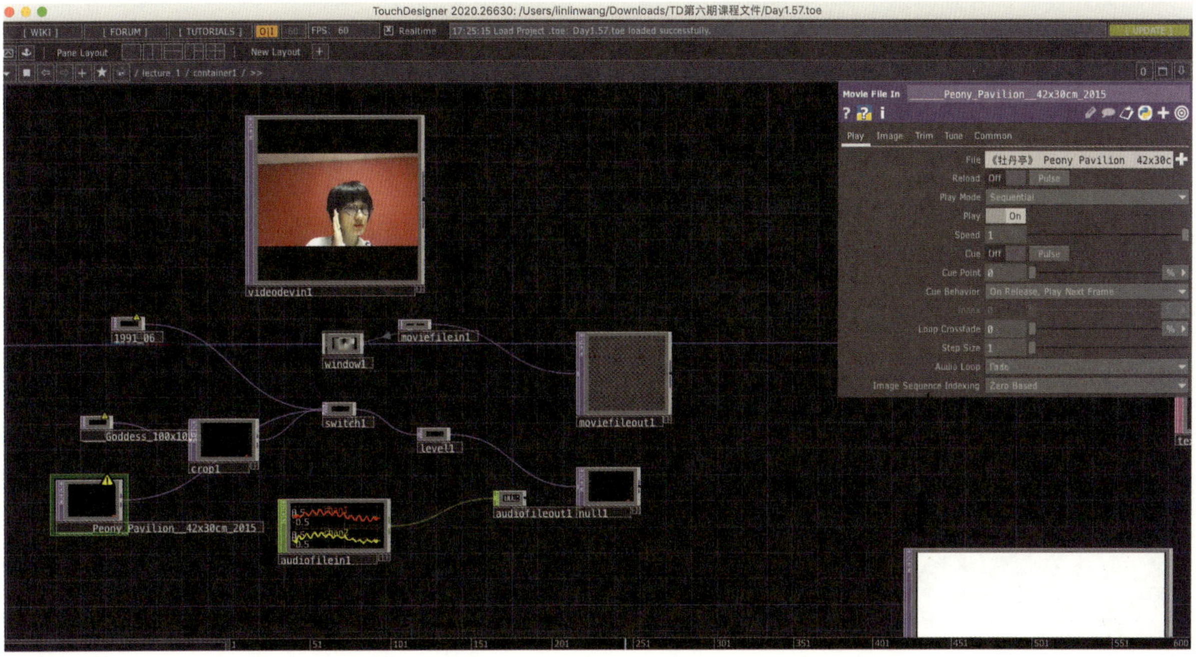

图 4-3-16　Touch Designer 软件中作者人机交互曲线变化 1

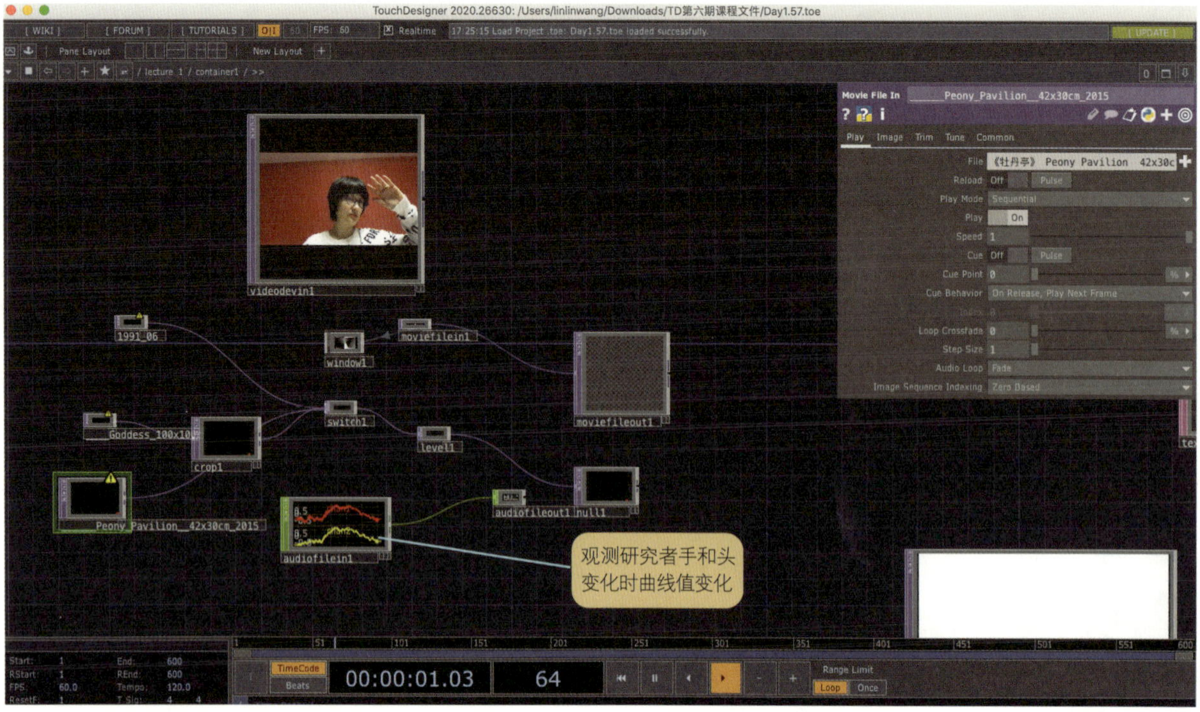

图 4-3-17　Touch Designer 软件中作者人机交互曲线变化 2

进行实验，如图4-3-18所示。

在虚拟场景中进行点定位，然后将皮肤展开贴在被选择的立面上，如图4-3-19所示。

以多面体实验为例，通过墙面互动测试实验，实现图像和声音的互动效果。我们将图像投影到多面体上，根据导入音频的频率变化，图像也会相应变化。通过设计声音博物馆，我们旨在实现观众的交互体验，让他们沉浸于丝绸之路的声音景观之中。为达到这个目的，在Photoshop软件中，我们将一张敦煌壁画中反弹琵琶的图片导入，并将其切割成方形图片，如图4-3-20所示。再把这张图片导入Touch Designer软件中，进行程序设定，如图4-3-21所示。

可以看到把一张平面的敦煌图片经过程序转化投到立方体上面，如图4-3-22所示。

再根据鸟鸣音频图片、声音波形图多次进行替

图 4-3-18　Touch Designer 软件投映实验过程

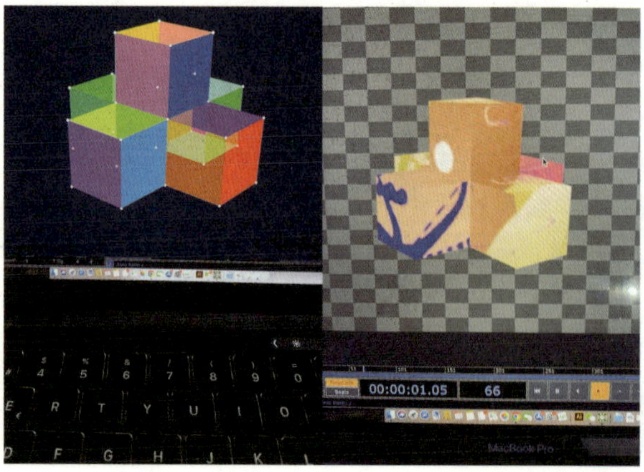

图 4-3-19　Touch Designer 软件皮肤投映实验过程

图 4-3-20　Photoshop 操作界面

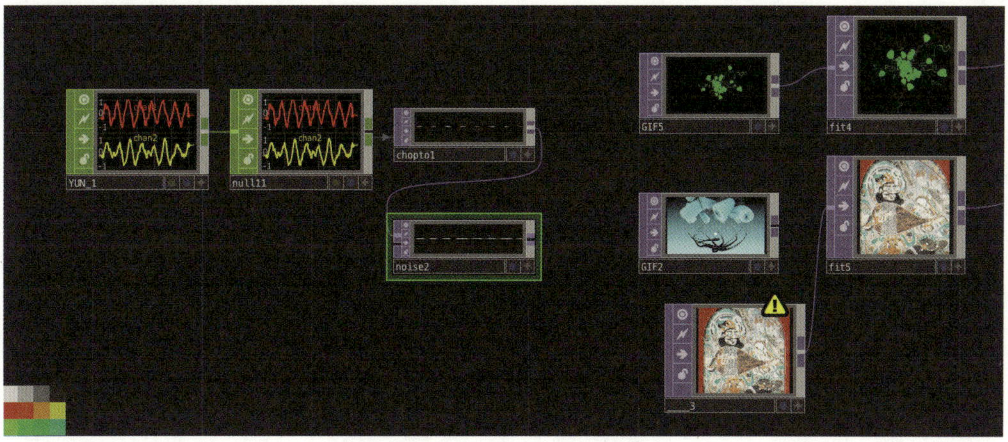

图 4-3-21　图片导入后实验过程

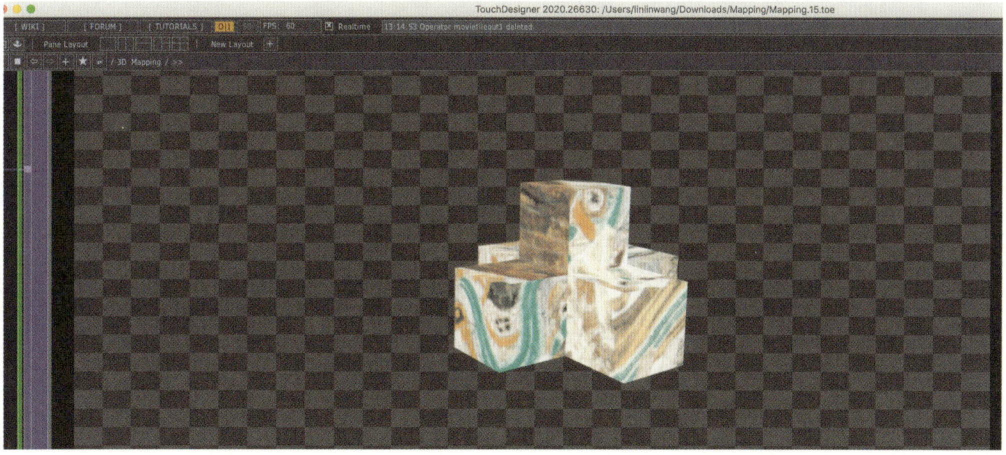

图 4-3-22　Touch Designer 软件中敦煌图片投到立方体上面

换、测试，如图4-3-23所示。

通过使用Touch Designer软件，可以将丝绸之路上的声音文件与图片文件进行有机结合，利用声音振幅，实现图片与声音之间的互动，或者通过调整切换频率来实现画面的变换。例如在代表鸟鸣的图形中，通过组合不同叫声的音频文件，我们可以将鸟鸣声从大漠孤烟切换到洱海海边或青海湖边，并与背景图像同时进行变化。

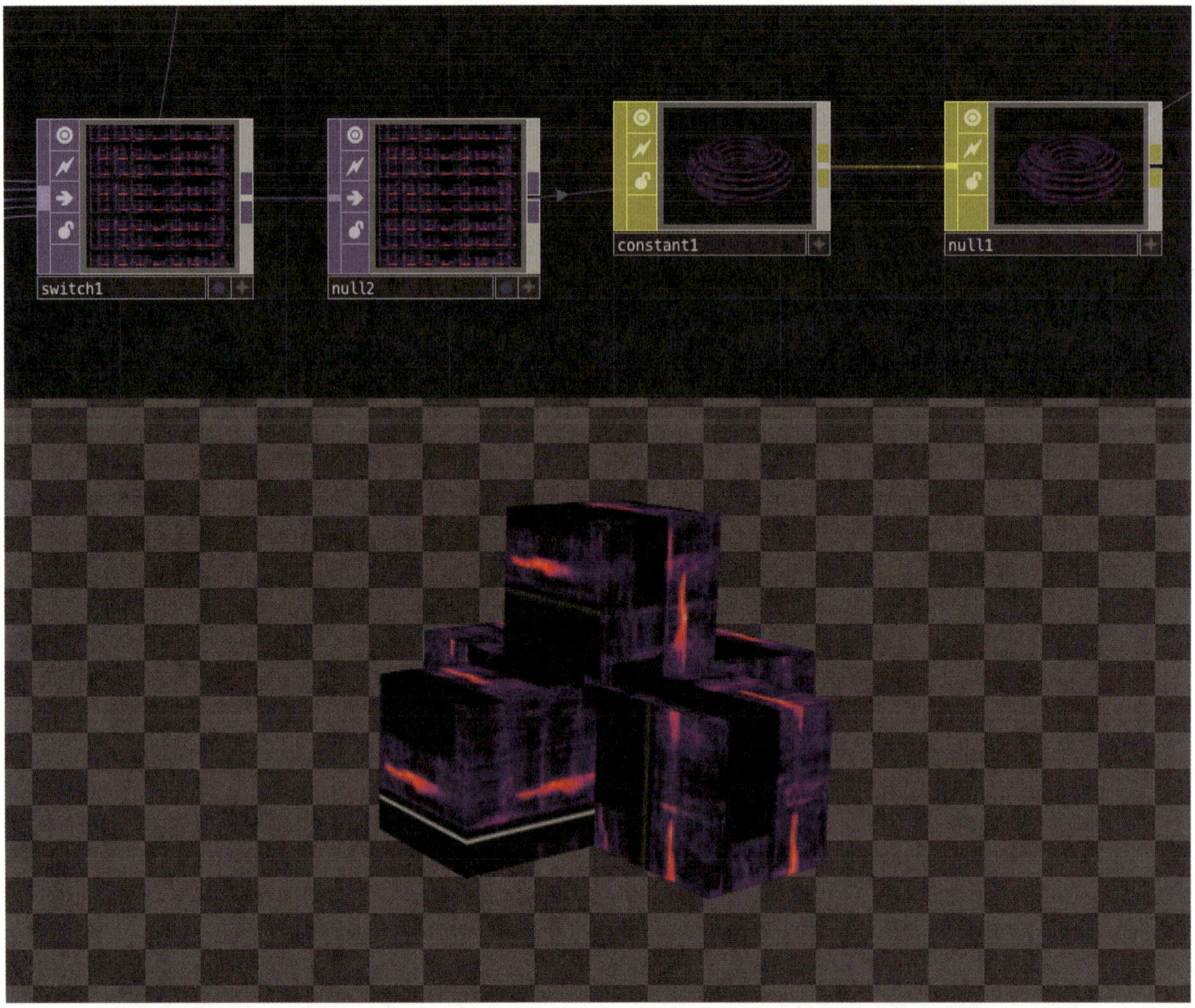

图4-3-23　Touch Designer软件鸟鸣音频投映实验过程

第四节　欣赏与分析

传统意义上的博物馆是需要走进去参观、理解一段历史或者学习、探索某个时代特征下的文物的场所。现在中国的博物馆更像是一个公众艺术空间。

在博物馆的设计中，以声音为主题的并不多见。但在博物馆应用领域却非常广泛。如上海中心37楼珐琅厅，是收藏家马未都先生的藏品展示厅。站在展品面前，不同的角度可以听到不同的背景声音，这与博物馆设计初期扬声器的安置点有关。并且安装感应装置，走过展品时会有灯光、声音解读，这对博物馆文物保护有重要意义，如书画类作品是不可以长时间接触灯光照射的。上海博物馆二楼书画展厅也是声光控感应灯。研究者在2017年走访了巴塞罗那市区Caixa银行举办的乐器主题文物邀请展，很多展出的藏品来自法国卢浮宫，乌德琴、瑟等都属于精品级的文物。由于观赏者只能观赏不能尝试演奏，因此在每种不同乐器区域，人走过时，正对头顶上方都会传出被展示的乐器弹奏时的声音，这一点在中国部分博物馆并未实现。展览专有区域会有专门应用某种乐器编辑声音的App，并且有人声、环境音选择，这在早期教育里可以对儿童进行声音认知教育。

西班牙加泰罗尼亚Ter小镇博物馆针对鸟鸣声做的鸟类云端博物馆是应用声音媒体艺术建立声景博物馆非常好的案例，如图4-4-1和图4-4-2所示，界面中只要鼠标指针移动到鸟的位置就会有这种鸟类的叫声出现。

在长达5年的声音采集过程中，中国西北部的

图 4-4-1　博物馆网页中河流附近出现鸟类叫声

图 4-4-2　鸟类博物馆鸟类品种网页界面

敦煌莫高窟一带成为最重要的采集区域。这个地区蕴藏着世界物质文化遗产和国家级非物质文化遗产的艺术宝藏。值得一提的是，敦煌博物馆设计了一款App小程序，利用虚拟现实技术再现丝绸之路盛世。通过扫描微信二维码登录后，用户可以在第一个页面上找到新年祝福签和日期等内容。进入敦煌动画页面后，不仅可以选择观看壁画故事小动画，还可以选择为故事进行配音。每组壁画都提供了几个角色供选择。一旦完成配音，就能生成一个包含个人配音的小动画文件，如图4-4-3所示。由此可见，在丝绸之路上，声音媒体艺术的研究可以应用于声音展览在博物馆中的展示、博物馆动画的配音制作以及其他交互多媒体展览。研究者在研究敦煌博物馆时受到启发，探索如何将采集到的声音与声音地图相结合和应用。

近年来，云上课和云游览博物馆被广泛使用，使得声音的重要性进一步得以凸显。中国受欢迎的有声读物，除了平台“喜马拉雅”，还以声音多媒体艺术的方式与人们的生活相伴，特别是在各种需要视觉体验的场合，声音的作用变得尤为重要。

课后习题：

为公共空间制作声音标识。

任务是创建可用于公园、火车站和博物馆等公共场所的声音标识。声音标识应旨在传达重要信息或为空间中的人们提供指导。首先，应该分析不同公共空间的音景，如街道、车站和购物中心。这种分析应该考虑声音的两个方面：声音要素和声源类型。

从声音要素来看，公共空间的音景可分为3类：背景音、信号音和标志音。通过考虑这些要素，思考如何设计声音符号以清晰有效的方式传达重要信息。

声源类型主要分为三大类：人工声音、自然声音和特定地区特有的文化声音。通过考虑确定公共空间中最常见的声音类型，可以设计出既有效又适合环境的声音标识。

这项作业要求创造性地思考如何使用声音在公共场所传达信息和提供指导。通过考虑不同音景和声源的独特特性，开发创新且有效的声音标识设计，以增强公共空间的用户体验。

图 4-4-3　敦煌博物馆 App 界面

参 考 答 案

第一章

1. C. H2N声音采集器
2. D. 4种
3. A. XY模式
4. A. 连接自制驻极板半导体元片
5. B. 采集者保存或有意识保存的声音
6. B. 声音的强度
7. A. 声音的频率

第二章

1. D. 以上所有选项都是正确的
2. A. 音频信号在每秒内进行的数字采样次数
3. B. 22050Hz
4. D. 决定音频信号的动态范围和音质保真度
5. B. 满量程的峰值分贝数（dBFS）

第三章

1. A. 可以自动调整噪声的消除效果
2. A. 自适应降噪
3. B. 音量
4. B. 音调
5. D. 均衡器
6. C. 频率
7. A. 可以自由设定频率值

参考资料

［1］Tin Oberman; Kristian Jambrošić，“Using Virtual Soundwalk Approach for Assessing Sound Art Soundscape Interventions in Public Spaces，” *Applied Sciences*，Mar，2020

［2］Peter Batchelor，“Grasping the Intimate Immensity:Acousmatic compositional techniques in sound art as ‘something to hold on to’，” *Organised Sound*，Dec，2019

［3］郭晓炜主编《中国彝族梅葛史诗丛书》，中国质检出版社、中国标准出版社，2017

［4］毛琳箐：《声音生态学视域下的贵州传统部落声景研究》，哈尔滨工业大学博士论文，2014

［5］宋阿伊姆：《四川凉山彝族民歌的美学特征及其可持续发展战略——以凉山、楚雄两州的彝族民歌为比较对象》，《民族学刊》，2019年第5期

［6］［英］罗伯特·莱顿：《艺术人类学》，李东晔、王红译，广西师范大学出版社，2009

［7］蒋星梅、张学清：《公共文化与族群边界：直苴彝族赛装节的族性表达》，《中央民族大学学报》，2016年第2期

［8］［美］索南夏因：《声音设计：电影中语言、音乐和音响的表现力》（第二版），王旭锋译，浙江大学出版社，2009

［9］［美］凯瑟琳·M. 林嘉琳等：《培生艺术史：20世纪至今的艺术》，陆豪译，重庆大学出版社，2018

［10］Adobe公司：《Adobe Audition CC经典教程》，人民邮电出版社，2014

后　记

我所在的专业开设“数字音效”这门课程不到10年，在这门课程中，大多数教学教案仅限于辅助影视多媒体艺术设计后期处理，包括一些配音和简单的动漫音频剪辑和操作，而并未涉及真正的“声音设计”。为了改变这种状况，我从“数字音效”课程设计入手，对原有的课程内容进行了调整，将自己在学科研究中提出的方法论应用到教学中，引导学生首先通过观察法找出周边印象最深刻的声音，进行小组讨论，通过声音采集、记录和数据分析，最终以艺术表现的形式设计出声音地图。通过培养声音媒体设计人才，我希望将声音媒体艺术创意应用到中国原创文化产业中，从而辅助完善全球动漫游戏产业的原创性。同时，我还计划利用“声音媒体”来演绎丝绸之路文化，将中国特有的口述历史、传说和神话故事以声音记录档案的形式留存并传播。

在中国现有的学科研究中，艺术设计学的二级学科包括建筑设计、环境艺术设计、媒体艺术设计、游戏动漫艺术设计、交互媒体艺术设计等专业设计方向，尚未单独提出声音媒体艺术设计作为专业方向，然而，在实际应用中，声音媒体艺术设计涉及多个专业设计方向的内容，希望本书的读者能够通过本教材的应用，更好地学习“数字音效”这门课程，并将所学的理论知识应用到实际的工作中。

王林林

2024年2月